50 मिलिटरी लीडर

50 मिलिटरी लीडर

जिन्होंने दुनिया बदल दी

मेजर राजपाल सिंह

www.prabhatbooks.com

प्रकाशक

प्रभात पेपरबैक्स

4/19 आसफ अली रोड, नई दिल्ली–110002

फोन : 23289555 • 23289666 • 23289777 ❖ फैक्स : 23253233

इ–मेल : prabhatbooks@gmail.com ❖ वेब ठिकाना : www.prabhatbooks.com

संस्करण

प्रथम, 2015

मूल्य

एक सौ पच्चीस रुपए

अ.मा.पु.स. 978-93-5186-457-8

मुद्रक

आर–टेक ऑफसेट प्रिंटर्स, दिल्ली

★

50 MILITARY LEADER
by Maj. Rajpal Singh

Published by **PRABHAT PAPERBACKS**
4/19 Asaf Ali Road, New Delhi-110002

ISBN 978-93-5186-457-8

₹ 125.00

दो शब्द

'50 मिलिटरी लीडर : जिन्होंने दुनिया बदल दी' नामक इस पुस्तक में युद्ध विद्या का बखान नहीं किया गया है, बल्कि ऐसे सैन्य अधिनायकों के जीवन पर रोशनी डाली गई है, जिन्होंने विश्व इतिहास को काफी प्रभावित किया।

जरूरी नहीं कि इस पुस्तक में शामिल किए गए सारे लीडर सर्वश्रेष्ठ रहे हों या कुशल कूटनीतिक व महानतम शूरवीर ही रहे हों; मगर इतना तय है कि ये ऐसे लोग थे, जिन्होंने सही या गलत कारणों से युद्धक्षेत्र में कदम रखा और दुनिया के इतिहास को प्रभावित किया। इवान एक औसत सेनाध्यक्ष था, मगर उसका शासनकाल इतिहास के लिए एक निर्णायक मोड़ साबित हुआ था। एडोल्फ हिटलर एक दैत्य था, मगर एक दैत्य भी इतिहास को बदल सकता है।

इस पुस्तक को पढ़ने के बाद आप भी इस बात से इनकार नहीं कर पाएँगे कि इसमें वर्णित लोगों का व्यक्तित्व ऐसा था, जिन्होंने धरती पर मानव जाति के इतिहास पर सर्वाधिक प्रभाव डाला।

अनुक्रम

अत्तिला हूण
(Attila Hun)
(सन् 405-453)

अत्तिला हूण सन् 434 से अपनी मृत्यु तक हूणों का राजा था। वह हूण साम्राज्य का नेता था, जो जर्मनी से यूराल नदी और डैन्यूस नदी से बाल्टिक सागर तक फैला हुआ था।

अपने राज्यकाल में वह पश्चिमी और पूर्वी रोमन साम्राज्य का सबसे भयानक शत्रु था। उसे बाद के इतिहासकारों ने 'भगवान् का कोड़ा' कहकर संबोधित किया।

उसने दो बार बाल्कन क्षेत्र पर हमला किया। गोल (आधुनिक फ्रांस) में वह ओर्लयो तक पहुँच गया, पर उसने इस्तांबुल या रोम पर कभी आक्रमण नहीं किया।

लगभग सारे पश्चिमी यूरोप में उसे क्रूरता और लोभ के परम उदाहरण के रूप में याद किया जाता है। लेकिन कुछ ऐतिहासिक विवरणों और कहानियों में अत्तिला को महान् सम्राट् के रूप में दरशाया गया है। नोर्स गाथाओं में अत्तिला की प्रमुख भूमिका है।

अत्तिला के पिता का नाम मुंदजुक था। उसके जन्म के कुछ पहले ही कास्पियन सागर के उत्तर-पूर्वी प्रदेशों के हूण डैन्यूस नदी की घाटी में आ बसे थे। अत्तिला के पिता का परिवार भी उन्हीं हूणों में से था।

चाचा रुआस के मरने पर अपने भाई ब्लेग के साथ अत्तिला डैन्यूस तटीय हूणों का संयुक्त राजा बना। रुआस का शासनकाल हूणों के लिए

यूरोप में विशेष उत्कर्ष का काल था। उसने जर्मन एवं स्लाव जातियों पर आधिपत्य कर लिया था और उसका दबदबा कुछ ऐसा बढ़ा कि पूर्वी रोमन सम्राट् उसे वार्षिक कर देने लगा।

चाचा के ऐश्वर्य का अत्तिला ने प्रसार किया और आठ वर्षों में वह कास्पियन एवं बाल्टिक सागर के बीच के समूचे राज्यों का, राइन नदी तक, स्वामी बन गया।

सन् 450 के पश्चात् अत्तिला पूर्वी साम्राज्य को छोड़ पश्चिमी साम्राज्य की ओर बढ़ा। तब पश्चिमी साम्राज्य का सम्राट् वालेंटीनियन तृतीय था।

सम्राट् की बहन जुस्ताग्राता होनोरिया ने अपने भाई के विरुद्ध सहायता का अनुरोध करते हुए अत्तिला को अपनी अँगूठी भेजी थी।

इसे विवाह का प्रस्ताव मान हूणराज ने सम्राट् से बहन के दहेज में आधा राज्य माँगा और अपनी सेना लिये वह गॉल को रौंदता, मेत्स को लूटता ल्वार नदी के तट पर बसे ऑर्लिया जा पहुँचा; पर रोमन सेना ने पश्चिमी गोथों और नगरवासियों की सहायता से हूणों को नगर का घेरा उठा लेने को मजबूर किया।

फिर दो महीने बाद जून 451 में इतिहास की सबसे भयंकर खूनी लड़ाइयों में से एक लड़ी गई, जब दोनों सेनाएँ सेन नदी के तट पर ट्रॉय के निकट परस्पर मिलीं। भीषण युद्ध हुआ और जीवन में बस एक बार हारकर अत्तिला को भागना पड़ा। पर अत्तिला चुप बैठनेवाला आदमी नहीं था। अगले साल सेना एकत्रित कर स्वयं इटली पर उसने धावा बोल दिया और देखते–देखते उसका उत्तरी लोबार्दी का प्रांत उजाड़ डाला।

उखड़े व भागे हुए लोगों ने आदियातिक सागर पहुँच वहाँ के प्रसिद्ध नगर वेनिस की नींव डाली। सम्राट् वालेंटीनियन ने भागकर रावेना में शरण ली।

पर पोप लियो प्रथम ने रोम की रक्षा के लिए मिचियो नदी के किनारे पड़ाव डाले अत्तिला से प्रार्थना की। कुछ पोप के अनुनय से, कुछ हूणों के बीच प्लेग फूट पड़ने से अत्तिला ने इटली छोड़ देना स्वीकार किया।

इटली से लौटकर उसने बर्गडो की राजकुमारी इल्डिको से ब्याह किया,

पर अपनी सुहागरात को ही वह उच्च रक्तचाप के कारण मस्तिष्क की नली फट जाने से मर गया।

अत्तिला ने पश्चिमी रोमन साम्राज्य की रीढ़ तोड़ दी। उसके और हूणों के नाम से यूरोपीय जनता थर-थर काँपने लगी।

हंगरी में बसकर तो उन्होंने उस देश को अपना नाम दिया ही, उनका शासन नॉर्वे और स्वीडन तक चला।

चीन के उत्तर-पूर्वी प्रांत कासू से उनका निकास हुआ था और वहाँ से यूरोप तक हूणों ने अपना खूनी आधिपत्य कायम किया।

अत्तिला के मरने के बाद हूण साम्राज्य बिखरकर रह गया।

अत्तिला की सबसे बड़ी उपलब्धि यही थी कि उसने खानाबदोश जातियों को पेशेवर सेना के रूप में तब्दील कर दिया था और रोमन साम्राज्य की चूलें हिलाकर रख दी थीं।

इटली पर किए गए अत्तिला के हमले से इतिहास में एक और परिवर्तन आया था। जब रोम का सम्राट् भाग खड़ा हुआ, तब पोप लियो ने अत्तिला से मुलाकात की। पोप ने क्या कहा, यह अधिक प्रासंगिक बात नहीं है। अहम बात यह है कि पहली बार एक धर्मगुरु ने जनता का साथ देने का फैसला किया। इस घटना के बाद आम जनता का भरोसा चर्च पर बढ़ गया और राजनेताओं के प्रति पहले जैसी आस्था नहीं रह गई। इसके साथ ही मध्य युग की भी शुरुआत हुई।

□

अलफ्रेड थायर मेहन

(Alfred Thayer Mahan)

(सन् 1840–1914)

अल्फ्रेड थायर मेहन का जन्म 27 सितंबर, 1840 को न्यूयॉर्क के वेस्ट पॉइंट इलाके में हुआ। उसका पिता डेनिस हार्ट मेहन अमेरिकी सैन्य अकादमी में सिविल एवं सैन्य इंजीनियरिंग विषय का प्रोफेसर था।

सन् 1852 में अल्फ्रेड को हेगर्सटाउन के पास मेरीलैंड के सेंट जेम्स स्कूल में पढ़ने के लिए भेजा गया। दो साल बाद उसने न्यूयॉर्क के कोलंबिया कॉलेज में दाखिला लिया।

उसने नौसेना अकादमी में दाखिला लिया और सन् 1859 में अपनी शिक्षा पूरी की। वह गृह-युद्ध के समय लेफ्टिनेंट के पद तक पहुँचा। सन् 1885 में उसे कैप्टन बनाया गया और 1896 में उसके अनुरोध पर उसे नौसैनिकों की सेवानिवृत्ति सूची में डाल दिया गया। उसे सन् 1906 में रियर एडमिरल के पद पर प्रोन्नत किया गया।

सन् 1859 से 1861 तक उसे 'फ्रिगेट कांग्रेस' नामक युद्धपोत पर तैनात किया गया। फिर उसे दक्षिण अटलांटिक नौसेना की एक टुकड़ी में शामिल किया गया, जब उसने गृह-युद्ध से पहले केरोलिना के पोर्ट रॉयल पर किए गए हमले में भाग लिया।

सन् 1862 में उसे नौसेना अकादमी और फिर रोडे द्वीप के न्यूपोर्ट में प्रशिक्षक बनाकर भेजा गया। सन् 1863 में उसने जहाज में सवार होकर यूरोप का भ्रमण किया।

सन् 1863 में उसे पश्चिम समुद्र तटीय नौसेना की टुकड़ी में तैनात किया गया। फिर उसने एडमिरल जॉन डलग्रीन के सहायक के रूप में काम किया।

सन् 1865 में वह मकूटा पहुँचा, जहाँ उसे 'आइरोक्वीस' पोत पर तैनात कर दिया गया, जिस पर सवार होकर वह जापान पहुँचा।

सन् 1867 में जब जापान में कोबे और ओसाका बंदरगाहों का उद्घाटन हुआ, तब वह वहीं मौजूद था।

सन् 1869 में चाइना स्टेशन में अपना कार्यकाल पूरा करने के बाद उसे यूरोप भ्रमण की अनुमति मिल गई। वहाँ से लौटने के बाद उसे राहत सामग्री लादनेवाले जहाज पर तैनात किया गया, जिसके जरिए फ्रेंच लोगों की मदद की गई। उस कार्य से वह 3 अगस्त, 1871 को मुक्त हुआ।

सन् 1872 में उसे दक्षिण अटलांटिक नौसेना की टुकड़ी की कमान सौंपी गई। सन् 1875 में उसे उस दायित्व से मुक्त किया गया।

अगस्त 1876 में उसे नौसेना अकादमी के परीक्षक मंडल का सदस्य बनाया गया। इस दौरान नौसेना विषयक निबंध लिखकर उसने तीन पुरस्कार जीते। पहली बार उसके लेख को प्रकाशन के लिए स्वीकृत किया गया।

सन् 1880 में उसे न्यूयॉर्क नेवी गार्ड में तैनात किया गया और 1883 में उसने पेरू में 'वाचुसेट' युद्धपोत की कमान सँभाली। इस दौरान उसने दक्षिण अमेरिका के समुद्र-तट का मुआयना किया।

सन् 1885 में अल्फ्रेड को रोडे द्वीप के नेवी वार कॉलेज में अध्यापक बनाया गया। वह नौसेना की रणनीति और इतिहास की शिक्षा छात्रों को दे रहा था।

सन् 1890 में अल्फ्रेड ने 'इनफ्लुएंस ऑफ सी पावर अपॉन हिस्ट्री' नामक पुस्तक की रचना की। नौसेना के विषय पर उसने कुल 20 पुस्तकें और 23 निबंधों का लेखन किया।

सन् 1893 में अल्फ्रेड को अमेरिकी जहाज 'शिकागो' की कमान सौंपी गई। उत्तरी यूरोप का भ्रमण करने के बाद वह अमेरिका लौट आया।

सन् 1895 में उसे नेवी वार कॉलेज में तैनात किया गया। उसने अपनी मरजी से 17 नवंबर, 1896 को सेवानिवृत्ति ले ली।

40 वर्षों तक नौसेना की सेवा करने के बाद अब अल्फ्रेड अपना पूरा समय नौसेना विषयक पुस्तकों के लेखन में लगाना चाहता था।

जब स्पेनिश-अमेरिकी युद्ध की शुरुआत हुई तो वह फिर नौसेना में वापस आ गया। मई 1898 में उसे रणनीति बनानेवाले बोर्ड का सदस्य नियुक्त किया गया।

सन् 1899 में वह हेग शहर में आयोजित प्रथम शांति सम्मेलन में अमेरिकी प्रतिनिधिमंडल के सदस्य के रूप में शामिल हुआ।

मई 1903 में अल्फ्रेड को नौसेना अकादमी के 'बोर्ड ऑफ विजिटर्स' का सदस्य बनाया गया। सन् 1904 में उसे मर्चेंट नेवी के सीनेट कमीशन का सदस्य बनाया गया।

जुलाई 1906 में उसे स्पेन के साथ हुए युद्ध का विश्लेषण करने के लिए 'नेवी वार बोर्ड' का सदस्य बनाया गया।

सन् 1908 में उसे डॉक्यूमेंटरी हिस्टोरिकल पब्लिकेशन कमेटी का सदस्य बनाया गया।

सन् 1884 से लेकर 1914 में अपनी मृत्यु के समय तक अल्फ्रेड ने नौसेना के इतिहास और जीवनियों का अध्ययन व लेखन जारी रखा। उसके विचारों का दुनिया भर में प्रभाव पड़ा और उसकी पुस्तकें काफी लोकप्रिय हुईं।

सन् 1894 में अल्फ्रेड को कैंब्रिज और ऑक्सफोर्ड विश्वविद्यालयों ने मानद डिग्रियाँ प्रदान कर सम्मानित किया था। बाद में अन्य कई विश्वविद्यालयों ने भी उसे मानक डिग्रियाँ देकर सम्मानित किया।

1 दिसंबर, 1914 को अल्फ्रेड का देहांत वाशिंगटन डीसी में हो गया।

□

इनरिको डेनडोलो

(Enrico Dandolo)

(सन् 1107–1205)

इनरिको डेनडोलो सन् 1192 से 1205 तक वेनिस लोकतंत्र का 'डोग' (लीडर) था। वह चौथे धर्म-युद्ध में अपने योगदान के लिए जाना जाता है, जिसकी वजह से मिस्र के बैजंटाइन साम्राज्य का पतन मुमकिन हुआ और वेनिस के प्रभाव का विस्तार हुआ।

इनरिको का पिता विटेल महत्त्वपूर्ण प्रशासनिक पद पर तैनात था। अपने सार्वजनिक जीवन की शुरुआत के साथ इनरिको को वेनेटियन सरकार की तरफ से कई महत्त्वपूर्ण अभियानों पर भेजा गया।

वह सन् 1171 में डोग विटेल द्वितीय मिशिल के साथ कंस्टेंटीनोपल के एक अभियान पर गया था। एक विवरण के अनुसार, वेनेटियन हितों का पक्ष लेने के कारण सम्राट् ने उसे अंधा कर दिया था।

दूसरी तरफ, चौथे धर्म-युद्ध का इतिहास लिखनेवाले और इनरिको को निजी तौर पर जाननेवाले जेफरी द विल्हरडीन ने लिखा है कि सिर पर चोट लगने के कारण इनरिको की दृष्टि-शक्ति कमजोर हो गई थी।

कंस्टेंटीनोपल के कूटनीतिक अभियान के बाद इनरिको राजदूत के तौर पर सन् 1174 में सिसली और 1191 में फेरारा भेजा गया।

जब डोग ओरियो मेस्ट्रोपीरो सेवानिवृत्त होकर एक मठ में रहने के लिए चला गया, तब 1 जून, 1192 को इनरिको को 'डोग' चुना गया। उस समय इनरिको की उम्र 85 वर्ष हो चुकी थी।

'डोग' का पद सँभालते ही उसने सबसे पहले इस पद के अधिकारों और कर्तव्यों को निर्धारित करने का काम किया।

इनरिको ने दंड संहिता को संशोधित किया और नागरिक अधिकारों की सूची का प्रकाशन किया। उसने वेनिस के कायदे-कानूनों को संवैधानिक रूप प्रदान करने में अहम योगदान दिया।

उसने मुद्रा प्रणाली में भी व्यापक परिवर्तन किया और नई मुद्रा का प्रचलन शुरू किया। इसके साथ ही पूर्व के देशों के साथ व्यापारिक संबंध को बढ़ावा देने की आर्थिक नीति का भी विकास हुआ।

उस समय प्रचलित किए गए सिक्कों पर इनरिको का चित्र नजर आता है, जिसमें उसने लबादा पहन रखा है। उसके बाएँ हाथ में दंड संहिता है और दाएँ हाथ में सेंट मार्क एक बैनर प्रदान कर रहा है।

इनरिको ने सन् 1192 में वेटोना और ट्रेविसो के साथ समझौता किया। सन् 1200 में एक्वीलिया के साथ, 1199 में बैजंटाइन सम्राट् के साथ और 1201 में रोमन सम्राट् के साथ समझौता किया।

सन् 1199 में उसने पिसन के विरुद्ध लड़ाई लड़ी, जिसमें उसकी जीत हुई।

लेकिन इतिहास में इनरिको ने अपनी जो अहम जगह बनाई, वह चौथे धर्म-युद्ध में अपने निर्णायक योगदान के कारण ही बनाई। उसने सैनिकों की परिवहन व्यवस्था सुचारु करने के लिए फ्रेंच सामंतों को तैयार किया। उसने जारा पर विजय पाने के बदले फ्रेंच सामंतों को वित्तीय मदद का प्रलोभन दिया।

दारा दालमाटियन समुद्र-तट पर स्थित एक शहर था, जिस पर तब हंगरी के राजा का आधिपत्य था।

इनरिको ने धर्म-योद्धाओं को इस बात के लिए तैयार कर लिया कि वे कंस्टेंटीनोपल को जीतने के लिए वेनेरियन के अभियान की सहायता करें।

अलग-अलग इतिहासकारों ने इनरिको के व्यक्तित्व के विविध पहलुओं पर रोशनी डालने का प्रयास किया है। वह भले ही वृद्ध हो चुका था, मगर मोरचे पर हमेशा अग्रिम पंक्ति में मौजूद रहना पसंद करता था।

कंस्टेंटीनोपल के विरुद्ध युद्ध के दौरान वह हथियारों से लैस होकर नौका पर तैनात था और अपने सैनिकों का हौसला बढ़ाता रहा था।

कंस्टेंटीनोपल पर कब्जा करने के बाद इनरिको ने अपने और वेनिस के तमाम 'डोग' के लिए संपूर्ण रोमानिया साम्राज्य के 'चतुर्थांश का स्वामी' पदवी घोषित की थी।

इस अभियान का सर्वाधिक प्रभावशाली नेता होने के नाते युद्ध के बाद इनरिको कंस्टेंटीनोपल में रुका रहा था और वेनिस के हितों का ध्यान रखते हुए तमाम गतिविधियों को संचालित करता रहा था।

उसने ग्रांड कैनज में महल का निर्माण करने के लिए जहाज में संगमरमर भरवाकर अपने पुत्र रेनियर के पास भिजवाया था।

वेनिस के सेन लुका इलाके में की गई खुदाई में हरे संगमरमर से निर्मित एक महल के अवशेष मिले हैं, जिसके बारे में अनुमान लगाया गया है कि वह इनरिको का महल रहा होगा।

सन् 1205 में इनरिको का देहांत हो गया।

□

इवान चतुर्थ

(Ivan IV)

(सन् 1530–1584)

300 से भी अधिक वर्षों तक रूस यूरोप से अलग-थलग बना रहा था। इस पर तेरहवीं शताब्दी के पूर्वार्द्ध में मंगोलों ने अधिकार कर लिया था और अपने उस स्वर्णिम संघ का अंग बना दिया था, जिसकी स्थापना बाट्र खाँ (चंगेज खाँ के पोते) ने की थी।

चौदहवीं शताब्दी के उत्तरार्द्ध में ऐसा प्रतीत होने लगा मानो रूस मंगोलों की दासता से मुक्ति पा लेगा। गृह-युद्ध की वजह से स्वर्णिम संघ कमजोर हो गया था और कुछ रूसी रजवाड़ों ने सालाना लगान देना बंद कर दिया था।

सन् 1373 में खाँ ने अपनी फौज मॉस्को में भेजी, जिसे स्थानीय शासक दिमित्री दोन्सकोई ने पराजित कर दिया और मंगोल सेनापति मामई को दो बार पराजित किया।

प्रतिशोध की भावना से तम्तमिश खाँ ने मॉस्को को उजाड़ दिया और कई रूसी शहरों पर हमले किए। रूसी अभियान की कामयाबी से उत्साहित होकर तख्तमिश खाँ ने मध्य एशिया के शासक तामरलेन पर हमला किया और बुरी तरह पराजित हो गया।

इसके साथ ही स्वर्णिम संघ दो प्रतिद्वंद्वी खानों के हिस्से में बँट गया—क्रीमिया और कजान। मॉस्को कजान के खाँ के अधीन था।

कजान और क्रीमिया के खानों के बीच युद्ध हुआ। कजान की हार हुई और रूस में मंगोल के तीन वर्ग बन गए—कजान, क्रीमिया और अस्ट्राखान।

इस दौरान मॉस्को और अन्य रियासतों में पश्चिम के दो युद्ध उपकरणों— बंदूक और तोप का प्रचलन शुरू हो गया था।

अभी भी मंगोल गुलाम जुटाने के लिए रूस के ग्रामीण इलाकों पर हमले कर रहे थे। क्रीमिया के खाँ ने लगान वसूली के नाम पर मॉस्को के तरुण राजकुमार के साथ धोखा करने का प्रयास किया। राजकुमार इवान चतुर्थ (जो बाद में 'इवान द टेरिबल' के नाम से मशहूर हुआ) धोखे में आनेवाला नहीं था। वह क्रूर, धूर्त और बाद के वर्षों में विक्षिप्त भी हो गया था।

इवान ने सारी शक्ति अपने हाथ में ले ली और खुद को 'जार' घोषित कर दिया। उसने खुद को कांस्टेंटीनोपल के सम्राट् के उत्तराधिकारी के रूप में मॉस्को का शासक बताया।

रूसियों ने कजान से आनेवाले एक संदेशवाहक को पकड़ा। वह क्रीमिया के खाँ के पास सैन्य सहायता का अनुरोध लेकर जा रहा था। इवान ने सबसे पहले हमला करने का फैसला किया। उसकी सेना कजान की तरफ रवाना हुई, जो अन्य दो खानों की रियासतों की तुलना में कमजोर थी और उसके सिंहासन के दावेदार शाह अली ने मदद माँगी थी।

नवंबर 1549 में इवान ने कजान को घेर लिया। फरवरी 1550 तक घेराबंदी जारी रही, जब मूसलधार वर्षा के चलते चारों तरफ कीचड़ नजर आने लगा। इवान को लगा कि उसकी पैदल सेना को कठिनाइयों का सामना करना पड़ सकता है, इसलिए उसने घेराबंदी खत्म कर दी।

मगर वहाँ से रवाना होने से नगर से 20 मील की दूरी पर उसने एक किले का निर्माण करवाया, जहाँ से उसके सैनिक कजान की निगरानी कर सकते थे।

इवान ने इलाके के खानाबदोशों से भी मैत्री कर ली। कजान के खाँ ने हालात को प्रतिकूल पाया और उसने भागने की कोशिश की। रूसियों ने उसे पकड़ लिया और उसका सिर धड़ से अलग कर दिया। इवान ने शाह अली को नया खाँ बना दिया।

शाह अली ने इवान के प्रति पर्याप्त वफादारी का जब परिचय नहीं दिया तो इवान ने फिर कजान को घेर लिया। वह अपनी पैदल सेना लेकर आया था,

मगर उसे कामयाबी नहीं मिल पा रही थी।

कजान की दीवार 25 फीट मोटी थी। आसपास के खानाबदोशों ने कजान की मदद की थी और रूसी सेना पर उस समय पीछे से हमला किया था, जब कजान सेना सामने से मुकाबला कर रही थी।

खानाबदोश हमले करते थे और फिर भाग जाते थे। शुरुआती झटकों के बाद रूसी सेना ने जब जवाबी हमला शुरू किया तो खानाबदोश जंगल के एक गुप्त शिविर में छिप गए। जंगल इतना घना था कि रूसी सेना उसमें घुसकर खानाबदोशों को ढूँढ़ नहीं सकती थी।

इवान ने अपनी सेना को छिपा दिया और जब खानाबदोश बाहर निकले तो इवान के घुड़सवारों ने उन्हें खदेड़ना शुरू किया और उनके शिविर को नष्ट कर दिया। शिविर से सैनिकों ने भारी मात्रा में अनाज और मवेशियों के अलावा उन सैकड़ों रूसी गुलामों को भी आजाद करवाया, जिन्हें खानाबदोश पकड़कर ले गए थे।

दूसरी तरफ, रूसी सैनिक कजान की दीवारों और स्तंभों को तोड़ने की कोशिश कर रहे थे। भारी मात्रा में विस्फोटक पदार्थ का प्रयोग कर दो स्तंभों को गिरा दिया गया और दीवार को तोड़कर रास्ता बना लिया गया। जिन मंगोल सैनिकों ने समर्पण नहीं किया, उन्हें मार डाला गया।

दो साल बाद इवान ने अस्ट्राखान पर हमला किया। एक बार फिर उसने एक वफादार व्यक्ति को खाँ बना दिया। जब उस खाँ ने धोखा देने की कोशिश की तो इवान ने अस्ट्राखान को अपने राज्य में मिला लिया। क्रीमिया केवल ओटोमन साम्राज्य का अंग बनकर बचा रहा। यूरोप पर मंगोलों की पकड़ हमेशा के लिए ढीली पड़ गई।

सन् 1581 में इवान ने अशालीन पोशाक पहनने पर अपनी पुत्रवधू की इतनी पिटाई की कि उसका गर्भपात हो गया। इस बात से क्रुद्ध होकर इवान का बेटा उससे लड़ने लगा और इवान ने अपने बेटे की ही हत्या कर दी।

18 मार्च, 1584 को इवान की मृत्यु हो गई। उसके दो सहायकों ने उसके भोजन में इसलिए जहर मिला दिया था, क्योंकि वह एक सहायक की बहन के साथ बलात्कार करता रहा था।

□

एडोल्फ हिटलर

(Adolf Hitler)

(सन् 1899-1945)

जब भी पूर्व जर्मन तानाशाह एडोल्फ हिटलर का जिक्र होता है, एक सवाल सबके मन में उठता है कि आखिर हिटलर जैसे व्यक्तित्व का मालिक यूरोप के एक प्रबुद्ध देश का शासक और लाखों लोगों का चहेता कैसे बन गया?

इस सवाल का जवाब ढूँढ़ने के लिए न केवल उस समय के हालात, खासकर प्रथम विश्व युद्ध में जर्मनी की हार और सन् 1930 के दशक की आर्थिक मंदी को समझना जरूरी है, बल्कि हिटलर के नेतृत्व के स्वरूप को भी समझना होगा।

हिटलर उस तरह का आम नेता नहीं था, जो कर कम करने या बेहतर स्वास्थ्य सुविधाएँ मुहैया कराने का वादा करता था। वह तो एक धार्मिक नेता की तरह लोगों को मुक्ति दिलाने का वादा करता था।

प्रथम विश्व युद्ध से पहले उसे कोई नहीं जानता था। वह एक मामूली आदमी था, जो कि न किसी से करीबी रिश्ते बना पाता था, न ही लोगों से बौद्धिक बातें कर सकता था और जो नफरत व पूर्वाग्रह से भरा हुआ था।

लेकिन पहले विश्व युद्ध में जर्मनी की हार के बाद हिटलर ने जब म्यूनिख में भाषण दिया तो उसकी कमजोरियों को ही उसकी ताकत समझा जाने लगा।

हिटलर के अंदर जो नफरत की भावना थी, वह हजारों जर्मनवासियों

की भावना से मेल खाती थी, जो कि वारसा की संधि की शर्तों से अपमानित और शर्मिंदा महसूस कर रहे थे।

उसी तरह हिटलर का एक अच्छा वक्ता न होना उसके व्यक्तित्व की ताकत बन गई और उसकी बड़ी-बड़ी बातों के कारण उसे एक महान् व्यक्ति कहा जाने लगा, जो कि भीड़ से अलग अपनी सोच रखता है।

लेकिन इन सबसे ज्यादा महत्त्वपूर्ण बात यह थी कि हिटलर जर्मनी की जनता से संवाद कर सकता था और इसे ही कई लोग हिटलर का करिश्मा कहने लगे।

1920 के दशक में हिटलर को सुननेवाले एमिल क्लिन के अनुसार, वह इतना करिश्माई हो गया था कि वह जो भी कहता था, लोग उसपर विश्वास करते थे। लेकिन बहुत से लोग ऐसे भी थे, जिन्हें हिटलर जरा भी नहीं भाता था।

सन् 1920 के दशक में जब जर्मनी की अर्थव्यवस्था अच्छी थी तो हिटलर को केवल कुछ कट्टरपंथी ही पसंद करते थे। लेकिन अगले पाँच से भी कम वर्षों में हिटलर जर्मनी का चांसलर और सबसे जानी-मानी राजनीतिक पार्टी का नेता बन गया था।

और इस बीच में जो सबसे बड़ा बदलाव हुआ था, वह जर्मनी की अर्थव्यवस्था में हुआ था। सन् 1929 की आर्थिक मंदी के कारण जर्मनी के बैंक तबाह हो गए थे और बड़े पैमाने पर बेरोजगारी बढ़ गई थी। लोग भूखे थे। बहुत बुरे दिन चल रहे थे। हिटलर के बयानों से लोगों को लगता था कि वह इन सारी समस्याओं से मुक्ति दिला देगा।

हिटलर लाखों जर्मनवासियों से कहता था कि वे आर्य हैं और इसलिए वे खास हैं और दूसरी सभी नस्लों से बेहतर हैं। हिटलर ने प्रजातंत्र से अपनी नफरत और राजनीतिक फायदे के लिए हिंसा के इस्तेमाल में यकीन को कभी नहीं छिपाया। लेकिन उसने केवल कम्युनिस्टों और यहूदियों को ही जर्मनी का दुश्मन करार दिया।

चूँकि अधिकतर जर्मनवासी इन दो श्रेणियों में नहीं थे, इसलिए उनको किसी तरह का कोई नुकसान नहीं होता था।

आर्थिक संकट में लाखों लोगों ने एक ऐसे व्यक्ति को अपना नेता मान लिया, जो केवल इसलिए करिश्माई बन गया, क्योंकि वह लोगों के डर, उनकी आशा और उनकी परेशानियों के लिए दूसरों को जिम्मेदार ठहराने की आदत का लाभ उठाना जानता था।

सन् 1933 में चांसलर बनते ही हिटलर ने जर्मन संसद् को भंग कर दिया, साम्यवादी दल को गैर-कानूनी घोषित कर दिया और राष्ट्र को स्वावलंबी बनने के लिए ललकारा। हिटलर ने गोयबल्स को अपना प्रचार मंत्री नियुक्त किया। नाजी दल के विरोधी व्यक्तियों को जेलखानों में डाल दिया गया। कार्यकारिणी और कानून बनाने की सारी शक्तियाँ हिटलर ने अपने हाथों में ले लीं। सन् 1934 में उसने अपने को सर्वोच्च न्यायाधीश घोषित कर दिया। उसी वर्ष हिंडनबर्ग की मृत्यु के पश्चात् वह राष्ट्रपति भी बन बैठा।

नाजी दल का आतंक जनजीवन के प्रत्येक क्षेत्र में छा गया। सन् 1933 से 1938 तक लाखों यहूदियों की हत्या कर दी गई।

हिटलर ने सन् 1933 में राष्ट्र संघ को छोड़ दिया और भावी युद्ध को ध्यान में रखकर जर्मनी की सैन्य शक्ति को बढ़ाना आरंभ कर दिया। लगभग सारी जर्मन जाति को सैनिक प्रशिक्षण दिया गया।

सन् 1934 में जर्मनी और पोलैंड के बीच एक-दूसरे पर आक्रमण न करने की संधि हुई। उसी वर्ष ऑस्ट्रिया के नाजी दल ने वहाँ के चांसलर हॉलफस की हत्या कर दी। जर्मनी की इस आक्रामक नीति से डरकर रूस, फ्रांस, चेकोस्लोवाकिया, इटली आदि देशों ने अपनी सुरक्षा के लिए पारस्परिक संधियाँ कीं।

उधर हिटलर ने ब्रिटेन के साथ संधि करके अपनी नौसेना ब्रिटेन की नौसेना का 35 प्रतिशत रखने का वचन दिया। इसका उद्देश्य भावी युद्ध में ब्रिटेन को तटस्थ रखना था। किंतु सन् 1935 में ब्रिटेन, फ्रांस और इटली ने हिटलर की शस्त्रीकरण नीति की निंदा की।

अगले वर्ष हिटलर ने 'वारसा संधि' को भंग करके अपनी सेनाएँ फ्रांस के पूर्व में राइन नदी के प्रदेश पर अधिकार करने के लिए भेज दीं। सन् 1937 में जर्मनी ने इटली से संधि की और उसी वर्ष ऑस्ट्रिया पर अधिकार

कर लिया। हिटलर ने फिर चेकोस्लोवाकिया के उन प्रदेशों को लेने की इच्छा जाहिर की, जिनके अधिकतर निवासी जर्मन थे। ब्रिटेन, फ्रांस और इटली ने हिटलर को संतुष्ट करने के लिए म्यूनिख के समझौते से चेकोस्लोवाकिया को उन प्रदेशों को हिटलर को देने के लिए विवश किया।

सन् 1939 में हिटलर ने चेकोस्लोवाकिया के शेष भाग पर भी अधिकार कर लिया। फिर हिटलर ने रूस से संधि करके पोलैंड का पूर्वी भाग उसे दे दिया और पोलैंड के पश्चिमी भाग पर उसकी सेनाओं ने अधिकार कर लिया।

ब्रिटेन ने पोलैंड की रक्षा के लिए अपनी सेनाएँ भेजीं। इस प्रकार द्वितीय विश्व युद्ध प्रारंभ हुआ। फ्रांस की पराजय के पश्चात् हिटलर ने मुसोलिनी से संधि करके रूस पर आक्रमण कर दिया। जब अमेरिका द्वितीय विश्व युद्ध में सम्मिलित हो गया तो हिटलर की सामरिक स्थिति बिगड़ने लगी। जब रूसियों ने बर्लिन पर आक्रमण किया तो हिटलर ने 30 अप्रैल, 1945 को आत्महत्या कर ली।

□

ओटो द ग्रेट

(Otto the Great)

(सन् 912-973)

चार्ल्स मेगने का साम्राज्य महज एक पीढ़ी के बाद बिखरकर रह गया; लेकिन उसकी प्रेरणा से जो सांस्कृतिक एकता कायम हुई थी, वह अटूट बनी रही। नया रोमन साम्राज्य कई छोटे-छोटे टुकड़ों में विभाजित हो गया। वे छोटी-छोटी रियासतें थीं, जिनके स्वामी सामंत वर्ग के लोग थे।

समुद्री डाकुओं ने समूचे यूरोप पर हमला करना शुरू कर दिया था। वे घोड़े चुराते थे और घोड़ों की सहायता से उन्हें खेतों-खलिहानों और गाँवों पर हमला करने में आसानी होती थी।

समुद्री डाकुओं ने फ्रांस में एक पूरे प्रांत पर अधिकार कर लिया था और ब्रिटेन के टापुओं में वे बस गए थे। (आयरलैंड में कई महलों व दुर्गों का निर्माण समुद्री डाकुओं के हमले से बचाव के लिए ही किया गया था।)

समुद्री डाकुओं का आतंक दक्षिण की तरफ भी बढ़ता गया था। वे फ्रांस, इटली और ग्रीस पर हमले करने लगे थे। यूरोप में अराजकता के हालात पैदा हो गए थे और कोई भी उत्तर की तरफ से होनेवाले इन हमलों को रोक नहीं पा रहा था। तब एक शक्तिशाली नेता की जरूरत सभी महसूस कर रहे थे।

सन् 936 में ओटो अपने पिता के देहांत के बाद जर्मनी का राजा बना। वह एक अनुभवी योद्धा था और घुड़सवार दस्ते का संचालन कर चुका था। ओटो ने धीरे-धीरे अपने साम्राज्य में सत्ता का केंद्रीयकरण करना शुरू कर दिया।

जब भी किसी रियासत के स्वामी की जगह खाली होती तो ओटो उसे अपने साम्राज्य में मिला लेता या अपने किसी रिश्तेदार को उसका प्रभारी बना देता था। कई बार ऐसी रियासतों की तरफ से उसे हिंसक प्रतिरोध का भी सामना करना पड़ता था, मगर युद्धक्षेत्र में वह वीरतापूर्वक दुश्मनों को पराजित कर देता था।

धीरे-धीरे ओटो ने अपने साम्राज्य की सीमा का विस्तार जर्मनी से बाहर फ्रांस और इटली तक कर लिया।

जिस समय ओटो चार्ल्स मेगने के साम्राज्य का पुनर्निर्माण करने में व्यस्त था, हंगरी की खानाबदोश प्रजाति के मेगयर लोगों ने ओटो की सत्ता को चुनौती दी। सन् 937 में उन लोगों ने इटली पर धावा बोला और जर्मनी से लेकर बेल्जियम एवं मध्य फ्रांस तक उपद्रव किया। उन्होंने घरों को जला दिया, लूटपाट की और निर्दोष लोगों की हत्याएँ कीं।

सन् 954 में मेगयर लोगों ने फिर जर्मनी पर हमला किया। अगले साल मेगयर घुड़सवारों ने ऑग्सबर्ग पर कब्जा कर लिया।

ओटो ने चुनिंदा घुड़सवारों की एक सेना बनाई, जिसमें महज 4,000 सैनिक शामिल थे। (संभवत: ओटो के सैनिकों की संख्या घटाकर और मेगयर के सैनिकों की संख्या बढ़ाकर अतिशयोक्तिपूर्ण ढंग से इतिहास में वर्णित की गई है।)

ओटो की सेना आठ डिवीजनों में विभाजित थी और एक-दूसरे के पीछे तैनात की गई थी। 3 बेवारियन डिवीजन को अग्रिम पंक्ति में तैनात किया गया था। उनके पीछे फ्रैंकिश डिवीजन था, फिर सेक्सोन डिवीजन को तैनात किया गया था। उसके पीछे दो स्क्वाड्रन डिवीजन थे और सबसे पीछे बख्तरबंद बोहेमियन डिवीजन को तैनात किया गया था।

मेगयर लोगों ने घेराबंदी खत्म कर दी और ऑग्सबर्ग नगर के आसपास के देहात में जाकर छिप गए।

फिर 10 अगस्त, 955 को ओटो जब नगर की तरफ अपनी सेना के साथ आगे बढ़ रहा था, मेगयर लोगों ने फुरती के साथ लेच नदी को पार किया और ओटो की सेना के पिछले डिवीजन बोहेमियन पर हमला कर दिया।

बोहेमियन भागने लगे और मेगयर उनके हथियारों व सामानों को लूटने में जुट गए। उसी समय ओटो ने अपने फ्रैंकिश योद्धाओं को उनके ऊपर आक्रमण करने के लिए भेज दिया। मेगयर लोग लेच नदी को पार कर भागने लगे।

मगर मेगयर की सेना की मुख्य टुकड़ी ओटो की सेना के सामने थी। जर्मनों ने पंक्ति बना ली और मेगयर पर हमला शुरू कर दिया। संभवत: अपनी आरंभिक सफलता के चलते या अपनी अधिक संख्या के चलते मेगयर लोग अति आत्मविश्वास के शिकार हो गए। उन्होंने बख्तरबंद योद्धाओं का मुकाबला करने का प्रयास किया।

इस घटना के कुछ वर्षों के बाद लियो नामक राजा ने युद्ध-कौशल संबंधी अपनी पुस्तक में वर्णन किया कि घोड़ों पर सवार बख्तरबंद लड़ाकों का मुकाबला कर पाना मेगयर लोगों के लिए संभव नहीं हो पाया था।

इस युद्ध में मेगयर के सभी नेता मारे गए, साथ ही सैकड़ों सैनिक भी मारे गए। अंत में मेगयर बदहवास होकर युद्धक्षेत्र से भागने लगे और जर्मन उन्हें खदेड़-खदेड़कर मारने लगे।

लेचफील्ड की इस लड़ाई में मेगयर को बुरी तरह शिकस्त का सामना करना पड़ा। 15 साल के बाद मेगयर लोग ईसाई धर्म अपनाने के लिए तैयार हो गए। लेचफील्ड की जंग के दो महीने बार ओटो ने टेकनीट्ज में स्लेविक वींड्स को भी निर्णायक युद्ध में पराजित कर दिया।

सन् 962 में ओटो का सपना पूरा हुआ, जब इटली में पोप जॉन द्वादश ने उसे रोम का सम्राट् घोषित कर दिया।

□

काल पोन क्लाउजवित्ज
(Carl von Clausewitz)
(सन् 1780-1831)

काल पोन क्लाउजवित्ज फ्रांस के विरुद्ध प्रुशियन सेना की तरफ से लड़ा था। उसे पकड़ लिया गया और कारागार में बंद कर दिया गया। जब दो साल के बाद उसे रिहा किया गया, तब उसने नेपोलियन से शिकस्त खानेवाली प्रुशियन सेना को संगठित करने में गेरहार्ड वोन स्कार्नहोर्स्ट की सहायता की।

जब नेपोलियन ने रूस पर आक्रमण करने के लिए तैयार की जा रही अपनी विशाल सेना के लिए प्रुशिया को भी एक सैनिक टुकड़ी उपलब्ध कराने के लिए मजबूर किया, तब कार्ल ने प्रुशिया की सेना से त्यागपत्र दे दिया और रूस की सेना में शामिल हो गया।

रूसी सेना की सेवा करते हुए (अन्य तकरीबन 30 प्रुशियन जनरलों को साथ लेकर) कार्ल ने प्रुशिया की एक सैनिक टुकड़ी को रूस की सेना में शामिल होने के लिए तैयार कर लिया।

जब नेपोलियन को रूस से खदेड़ दिया गया, तब कार्ल ने फिर प्रुशिया की सेना में शामिल होने की कोशिश की। मगर रूसी अभियान में उसकी भूमिका को देखते हुए (और नेपोलियन से आतंकित बने रहने के कारण) राजा विल्हेल्म ने उसे तब तक सेना में नियुक्ति नहीं दी, जब तक फ्रांस के सम्राट् ने सिंहासन का त्याग नहीं कर दिया।

कार्ल युद्ध में पहले एक पर्यवेक्षक के रूप में उपस्थित हुआ और फिर

बाल्टिक क्षेत्र में एक छोटी बहुराष्ट्रीय सेना के सेनाध्यक्ष के रूप में शामिल हुआ।

दूसरे शब्दों में कहा जाए तो कार्ल ने युद्ध का काफी अनुभव प्राप्त किया और अलग-अलग नजरिए से युद्ध को देखा। उसकी प्रसिद्धि इस बात को लेकर नहीं है कि युद्ध में उसने कैसी भूमिका निभाई, बल्कि युद्ध कौशल के बारे में अपने मौलिक विचारों के कारण वह प्रसिद्ध हो गया।

ई.पू. 500 के लेखक सून जू से लेकर आधुनिक समय तक सैकड़ों लेखकों ने युद्ध और सैन्य सिद्धांतों के बारे में प्रचुर साहित्य लिखा है, मगर कार्ल की टक्कर का लेखन किसी ने नहीं किया।

अपनी पुस्तक 'सेवन पिलर्स ऑफ विज्डम' में टी.ई. लॉरेंस ने नेपोलियन, कैमइर, मोलटके, जोमिनी, विल्सेन, सेक्से और गिबर्ट जैसे सैन्य सिद्धांतकारों के लेखन की चर्चा करते हुए लिखा है—

''लेकिन, क्लाउजवित्ज इन सबकी तुलना में बौद्धिक रूप से इतने श्रेष्ठ हैं और उनकी पुस्तक तर्क व प्रभाव की दृष्टि से इतनी जोरदार है कि मैंने सहजतापूर्वक उनके विचारों को स्वीकार कर लिया।''

असल में, तुर्कों के खिलाफ अपने गुरिल्ला युद्ध को लॉरेंस ने कार्ल के विचार की कसौटी पर परखकर देखा था।

कार्ल का कहना था कि प्रत्येक सेनापति का लक्ष्य शत्रु की सेना का विध्वंस करना होना चाहिए।

लॉरेंस जानता था कि वह शत्रु की सेना का विध्वंस करने की स्थिति में नहीं था, इसलिए उसने मेडिना की छावनियों में तुर्की सैनिकों को जीवित रहने दिया, जहाँ वे सैनिक सभी सुविधाओं से वंचित थे और इतने कमजोर हो गए थे कि किसी तरह का नुकसान पहुँचाने की स्थिति में नहीं थे।

कार्ल का मानना था कि युद्ध कौशल के बारे में उसने जो विचार प्रस्तुत किए थे, वे युद्ध के लिए आदर्श सिद्धांत साबित हो सकते थे।

वह यह भी मानता था कि जब उसके सिद्धांतों को कार्यान्वित किया जाएगा तो उसमें कई तरह की भिन्नता नजर आएगी। इस बात को वह स्वाभाविक मानता था। इस स्थिति को उसने 'अवरोध की स्थिति' कहकर पुकारा था। उसका मानना था कि मौसम से लेकर मामूली गलतियाँ या

दुर्भाग्य तक ऐसे अवरोध को पैदा कर सकता था।

वह पहला सैन्य रणनीतिकार था, जिसने युद्ध कौशल तैयार करते समय एक कारक के तौर पर अवरोध की स्थिति पर गौर करने का सुझाव दिया था। उसने ऐसे नियम बनाए, जिसमें ऐसे अवरोधों को घटाया जा सकता था, मगर पूरी तरह दूर नहीं किया जा सकता था।

उसका कहना था कि कोई योद्धा कई अन्य कारणों से भी अपने आदर्श सिद्धांत में परिवर्तन कर सकता है। उदाहरण के तौर पर, वह दुश्मन को कमजोर पाकर अपनी अधिकतम शक्ति का इस्तेमाल नहीं करने का फैसला कर सकता है या सामान्य बल-प्रयोग के जरिए ही वह अपने लक्ष्य को हासिल कर सकता है।

कार्ल का मानना था कि प्रत्यक्ष हिंसा और राजनीति युद्ध के दो बुनियादी तत्त्व होते हैं। कार्ल ने बताया कि हथियारों और रणनीतियों में परिवर्तन होता रहता है। उसने युद्ध के बुनियादी सिद्धांतों को रेखांकित करने का प्रयास किया।

उसने युद्ध का उद्देश्यपरक विश्लेषण प्रस्तुत किया और युद्ध की नैतिकता को लेकर कोई विचार व्यक्त नहीं किया।

20 वर्ष की उम्र से ही कार्ल युद्ध के बारे में लिखने लगा था। उसके आरंभिक दौर के कई लेखों को उसकी प्रसिद्ध पुस्तक 'ऑन वार' में संकलित किया गया है। वह जर्मनी के दार्शनिक इमेन्युल कांट और हेगेल के विचारों से काफी प्रभावित हुआ था।

'ऑन वार' पुस्तक को सभी वर्गों के पाठकों को ध्यान में रखकर लिखा गया है और उसे आठ खंडों में विभक्त किया गया है—(1.) युद्ध का स्वरूप, (2.) युद्ध का सिद्धांत, (3.) रणनीति, (4.) प्रत्यक्ष युद्ध, (5.) सैन्य बल, (6.) बचाव, (7.) आक्रमण और (8.) युद्ध कौशल।

'ऑन वार' की रचना पूरी करने से पहले ही कार्ल का देहांत हो गया और उसकी पत्नी मैरी ने उसके अप्रकाशित लेखों को संकलित कर पुस्तक का प्रकाशन किया। 'ऑन वार' को आज भी सैन्य सिद्धांत विषयक श्रेष्ठ पुस्तक का दर्जा दिया जाता है।

□

कीन शीह हुआंग

(Qin Shi Huang)

(ई.पू. 259-ई.पू. 210)

राजा चेंग वांग जब 13 वर्ष का था, तभी सिंहासन पर बैठा था। अधेड़ उम्र तक पहुँचने से पहले चेंग वांग ने 'वांग' (राजा) पदवी को छोड़ दिया और पुराने जमाने की पदवी 'सम्राट्' (शीह हुआंग) को अपने नाम के साथ जोड़ लिया। इस पदवी से जुड़े पूर्व के शासकों की तुलना में कीन शीह हुआंग ने अपनी अलग पहचान बनाई। चीन के साहित्य में उसे 'कीन का वनैला पशु' के नाम से याद रखा गया।

चीन के आरंभिक युग में जहाँ संस्कृति एक ही थी, वहीं कई सरकारों का वजूद था। जिस आरंभिक साम्राज्य के तथ्य मिलते हैं, उसका नाम सिया था। सिया शासक पहला चीनी राजा था, जिसने अपने आपको 'सम्राट्' माना था।

लेकिन ऐसा लगता है कि किसी सामंत की तुलना में उसके पास थोड़ी सी अधिक शक्ति थी, भले ही उसे स्वर्ग से भेजे गए शासक के रूप में जनता का सम्मान प्राप्त था।

शांग साम्राज्य (जो ई.पू. 1600 के आसपास स्थापित हुआ) ने भी लगभग उसी तरह शासन करना जारी रखा। समय गुजरने के साथ-साथ शांग सम्राट् कमजोर होते गए। अंतिम सम्राट् चाओसीन अपनी बर्बरता और निरंकुशता की वजह से अलोकप्रिय हो गया था।

ई.पू. 1027 में चाओ वंश के नेता वू वांग ने शांग सेना को पराजित कर

दिया। चाओ समुदाय के लोग कर्मठ थे, जो उत्तर-पश्चिम चीन में खेती करते थे। मंगोलियाई हमलावरों का वे बहादुरी के साथ मुकाबला भी करते रहे थे।

शांत सैनिकों की संख्या 70,000 थी। वहीं चाओ सैनिकों की संख्या 45,000 ही थी। चाओ नेता अधिक व्यावहारिक था। उसने खुद को 'सम्राट्' कहने की जगह 'राजा' कहलाना अधिक पसंद किया।

सत्ता में आने के बाद चाओ शासक ने परंपरागत शासन शैली को लागू किया। सामंती नेता भले ही नए थे, मगर उनके अधिकार पहले की तरह ही थे। तब चीन की अर्थव्यवस्था वस्तुओं के आदान-प्रदान की जगह मुद्रा के प्रचलन की तरफ अग्रसर हो रही थी। किसान भू-स्वामियों से जमीन लेकर खेती करने लगे थे। सामंतों की शक्ति बढ़ती जा रही थी, मगर राजा की शक्ति घटती जा रही थी। आखिरकार सामंत पूरी तरह स्वतंत्र हो गए थे और राजनीतिक रूप से अराजकता की स्थिति पैदा हो गई थी।

उस युग को चीन के लोग 'संघर्षरत राज्यों का युग' कहकर पुकारते हैं। यह युग 200 वर्षों से अधिक समय का था। इसके बारे में इतिहासकार रेने ग्राउसेट ने लिखा है कि "इस युग में अनवरत युद्ध होता रहा था और बड़े पैमाने पर नर-संहारों का सिलसिला चलता रहा था।"

उन संघर्षरत राज्यों के बीच कीन का साम्राज्य सबसे अधिक समस्याग्रस्त था। कीन को जहाँ अपने चीनी प्रतिद्वंद्वियों का मुकाबला करना पड़ा रहा था, वहीं कबीलाई हमलावरों से भी लड़ना पड़ रहा था।

ऐसे हमलावरों में सियूंग-नू समुदाय के हमलावर भी शामिल थे, जो बाद में इतिहास में 'हूण' के नाम से मशहूर हुए।

हूण और अन्य हमलावरों को शिकस्त देने के लिए कीन साम्राज्य में घुड़सवारों की सशक्त सेना तैयार की गई। कीन घुड़सवारों ने तीरंदाज दस्ते के साथ मिलकर आखिरकार हूण हमलावरों को गोबी मरुभूमि की तरफ खदेड़ दिया था।

कीन के शासक ने महसूस किया कि वह अपनी ताकतवर सेना की सहायता से संघर्षरत राज्यों के झगड़े को रोक सकता है। उसने एक के बाद

एक कई राज्यों पर कब्जा कर लिया और खुद को 'कीन शीह हुआंग' घोषित कर दिया। बाहरी और अंदरूनी दुश्मनों से जुझते हुए उसने यह सफलता हासिल की।

ई.पू. तीसरी सदी में चीन के हालात ठीक नहीं थे और जनता का बड़ा तबका नए राजा को पसंद नहीं करता था।

किंवदंती प्रचलित है कि एक कीन सेनापति ने कीन शीह हुआंग के सामने दुश्मनों के 1,000 कटे हुए सिर प्रस्तुत किए थे। यह देखकर दूसरे सेनापति ईर्ष्यावश जल-भुन गए थे। उन्हें लगा कि वे कभी इतने सारे सिर लाकर राजा के सामने पेश नहीं कर सकते थे।

यही सोचकर उन सेनापतियों ने राजा की हत्या करने की साजिश रची, लेकिन कीन शीह हुआंग हमले में बाल-बाल बच गया। फिर उसने बागी सेनापतियों को मृत्युदंड दे दिया। लेकिन राजा के खिलाफ असंतोष बढ़ता जा रहा था। कई कीन सेनापति सामंत का पद पाना चाहते थे और वैसा नहीं हो पाने के कारण वे हताश हो उठे थे।

कीन शीह हुआंग ने चीन के समाज में ऊपर से नीचे की तरफ सत्ता का विकेंद्रीयकरण करने का प्रयास किया था। उसने चीन को 36 जिलों में विभाजित किया था और ऐसा करते हुए प्राचीन सामंती सीमा रेखाओं को ध्यान में नहीं रखा था।

प्रत्येक जिले का शासन चलाने के लिए तीन अधिकारियों—प्रांतपाल, सैन्य अधिकारी और निरीक्षक को नियुक्त किया था, जो सीधे सम्राट् के अधीन कार्य करते थे। उसने मानक चीनी भाषा का विकास किया। उसने माप और वजन के नियमों को निर्धारित किया। उसने सिंचाई व्यवस्था के लिए नहरें बनवाईं। उसने कई प्राचीन दीवारों को आपस में जोड़ने का काम किया, जिनके आधार पर 'चीन की दीवार' का निर्माण हुआ।

चीनी साहित्य में उसे 'पशु' का दर्जा इसलिए प्रदान किया गया, क्योंकि उसने कन्फ्यूशियस के साहित्य को नष्ट करवा दिया था।

□

गिलियो डौहेट
(Giulio Douhet)
(सन् 1869-1930)

गिलियो डॉहेट का जन्म सन् 1869 में इटली में कापरेटा नामक स्थान पर हुआ। डॉहेट का परिवार प्राचीन काल से ही सैन्य पृष्ठभूमि से जुड़ा हुआ था। आरंभ में कविता और नाटक लिखते हुए डॉहेट ने सैन्य विषयों में भी हाथ आजमाना शुरू कर दिया था।

प्रथम विश्व युद्ध से पहले उसने अपने कई लेखों में युद्ध कौशल के बढ़ते मशीनीकरण के बारे में अपने विचार व्यक्त किए थे। एक लेख में उसने लिखा था—"ऐसा लगता है कि आसमान की अहमियत भी एक युद्धक्षेत्र के रूप में जमीन और जल से कम नहीं है। ऐसे कई देश हैं, जहाँ सागर के रास्ते नहीं पहुँचा जा सकता, मगर आकाश मार्ग से सभी देशों तक पहुँच पाना मुमकिन है।"

उसने लेख के अंत में निचोड़ प्रस्तुत करते हुए लिखा—"थलसेना और नौसेना को वायु सेना के जन्म को स्वीकार करना ही पड़ेगा और उसे अहम सदस्य के तौर पर विशाल सैन्य परिवार में अपनाना पड़ेगा।"

कभी भी विमान नहीं उड़ानेवाले डॉहेट को सन् 1909 में इटली की सेना की वायु इकाई के साथ जोड़ा गया। लीबिया के मोरचे पर तुर्क साम्राज्य के विरुद्ध इटली के अभियान के समय वह नौसेना के जहाजों के बेड़े की कमान सँभाल रहा था।

इस संघर्ष के दौरान हवाई हमले से जुड़े कई प्रयोग पहली बार आजमाए

गए। पहली बार हवाई फोटो सर्वेक्षण किया गया, पहली बार विमान से बम बरसाए गए और पहली बार विमान को निशाना लगाकर मार गिराया गया।

डॉहेट की सफलता से प्रभावित होकर उसके वरिष्ठ अधिकारियों ने उसे इटली की सेना की हवाई बटालियन का कमांडर बना दिया, लेकिन वह कायदे-कानून और नौकरशाही की अड़चनों से परेशान हो उठा। उसने 300 हॉर्स पावरवाले तीन इंजन-युक्त लड़ाकू विमान का निर्माण करने का फैसला किया।

डॉहेट अपने अधिकारियों को नाराजगी भरे पत्र लिखकर भेजता रहता था। उसके ऐसे पत्र जब सार्वजनिक हो गए तो उसे कोट मार्शल का सामना करना पड़ा और एक साल से ज्यादा समय तक जेल में रहना पड़ा।

प्रथम विश्व युद्ध की समाप्ति के बाद जेल से रिहा होकर डॉहेट फिर अपने पद पर कार्य करने लगा। सन् 1921 में उसे ब्रिगेडियर जनरल बना दिया गया। उसी साल उसकी प्रसिद्ध पुस्तक 'कमांड ऑफ द एयर' प्रकाशित हुई। सन् 1927 में उसने उस पुस्तक का संशोधित संस्करण प्रकाशित कराया।

सन् 1922 में डॉहेट को उड्डयन विभाग का कमिश्नर नियुक्त किया गया। उस समय इटली पर फासीवादी नेता मुसोलिनी का शासन था। डॉहेट ने पूरा समय लेखन को समर्पित करने के लिए उसी साल त्यागपत्र दे दिया।

भले ही प्रथम विश्व युद्ध के समय डॉहेट के विचारों से उसके अधिकारीगण नाराज हो गए थे, मगर उसकी पुस्तक प्रकाशित होने के बाद हवाई युद्ध-कौशल संबंधी उसके विचार सही साबित हो रहे थे।

डॉहेट ने अपनी पुस्तक में आधुनिक युद्ध-कौशल के लिहाज से पृथक् रूप से वायु सेना के गठन पर जोर दिया था। उसने भविष्यवाणी की थी कि आनेवाले समय में हवाई युद्ध कौशल ही किसी भी युद्ध के लिए निर्णायक साबित होने वाला था।

डॉहेट को अपने विचारों के कारण 'वायु शक्ति का जनक' कहा जाता है। वह पहला सैन्य योजनाकार था, जिसने बीसवीं शताब्दी के युद्धों में हवाई हमलों की अहमियत को खासतौर पर रेखांकित किया था।

डॉहेट ने युद्ध के दौरान आबादी बहुल इलाकों में बम, रसायन, गेसोलिन और अन्य विस्फोटक पदार्थों के इस्तेमाल का समर्थन किया था। उसका तर्क

था कि जब लोग तकलीफ और आतंक से लाचार हो जाएँगे तो अपना बचाव करने के लिए युद्ध को रोकने की माँग करने लगेंगे।

डॉहेट का सुझाव था कि युद्ध के आरंभ में आबादी बहुल इलाके पर लोगों को आतंकित करने के लिए बड़े पैमाने पर विस्फोटक पदार्थों का इस्तेमाल करना चाहिए, चारों तरफ आग लगा देनी चाहिए और रासायनिक हथियारों का प्रयोग कर अग्नि शमन दस्ते को तहस-नहस कर देना चाहिए।

शुरू में सैन्य विशेषज्ञ इस तरह की सलाहों को पढ़कर चकित रह गए थे, जो प्रथम विश्व युद्ध के दौरान मस्टर्ड गैस के प्रयोग से पैदा होनेवाले दुष्प्रभाव को भूले नहीं थे। मगर डॉहेट का तर्क था कि युद्ध अपने आपमें अनैतिक होता है, इसलिए युद्ध को संक्षिप्त बनाने के लिए कोई भी तरीका आजमाना ग़लत नहीं माना जाएगा।

उसने स्वतंत्र रूप से वायु सेना के गठन पर बल देते हुए लिखा कि नौसेना या थलसेना को अपना बचाव करने के लिए विमानों की आवश्यकता हो सकती है, मगर बमवर्षक विमान को अपना बचाव करने के लिए थलसेना या नौसेना की जरूरत नहीं पड़ेगी।

उन्नीसवीं शताब्दी के सैन्य विशेषज्ञ अल्बर्ट थेयर मेहन और हेनरी जोमिनी के युद्ध-कौशल के सिद्धांतों की चर्चा करते हुए डॉहेट ने कहा कि उन लोगों ने सैन्य हमलों के लिए गैर-जरूरी लक्ष्यों को चुनने की बात कही है, जबकि युद्ध के दौरान औद्योगिक केंद्रों और सप्लाई लाइन पर हमले कर अपने पलड़े को मजबूत बनाया जा सकता है।

डॉहेट ने लिखा है कि जिस देश के पास सबसे मजबूत वायु शक्ति होगी, वही देश-दुनिया में अपना दबदबा क़ायम कर पाएगा।

द्वितीय विश्व युद्ध के दौरान दोनों पक्षों ने डॉहेट के सिद्धांतों और रणनीतियों का इस्तेमाल किया। '60 और '70 के दशक में उसके सिद्धांतों को वियतनाम और कंबोडिया पर हमले के दौरान आजमाया गया। वर्ष 2001 और 2002 में अफगानिस्तान पर हमले के दौरान भी उसकी रणनीतियों पर अमल किया गया।

□

चंगे़ज खाँ

(Genghis Khan)

(सन् 1162-1227)

चंगेज खाँ एक मंगोल खाँ शासक था, जिसने मंगोल साम्राज्य के विस्तार में अहम भूमिका निभाई।

वह अपनी संगठन शक्ति, बर्बरता तथा साम्राज्य-विस्तार के लिए प्रसिद्ध हुआ। इससे पहले किसी भी यायावर जाति के व्यक्ति ने इतनी विजय यात्राएँ नहीं की थीं।

चंगेज खाँ का जन्म सन् 1162 के आसपास आधुनिक मंगोलिया के उत्तरी भाग में ओनोन नदी के निकट हुआ था। उसका वास्तविक या प्रारंभिक नाम तेमुजिन या तेमूचिन था। उसके पिता का नाम येसूजेई था, जो कियात कबीले का मुखिया था।

येसूजेई ने तेमुचिन तथा उसकी माँ का अपहरण कर लिया था; लेकिन कुछ दिनों के बाद ही येसूजेई की हत्या कर दी गई। उसके बाद तेमूचिन की माँ ने बालक तेमूचिन तथा उसके सौतेले भाई-बहनों का लालन-पालन बहुत कठिनाई से किया।

तेमूचिन की पत्नी बोरते का भी विवाह के बाद ही अपहरण कर लिया गया था। अपनी पत्नी को छुड़ाने के लिए उसे लड़ाइयाँ लड़नी पड़ी थीं। इन विकट परिस्थितियों में भी वह दोस्त बनाने में सक्षम रहा। नवयुवक बोघूरच उसका प्रथम मित्र था और वह आजीवन उसका विश्वस्त मित्र बना रहा। उसका सगा भाई जमूका भी उसका विश्वसनीय साथी था। तेमुचिन ने अपने पिता के

वृद्ध सगे भाई तुगरिल उर्फ आंग खाँ के साथ पुराने रिश्तों की पुनर्स्थापना की।

जमूका हालाँकि प्रारंभ में उसका मित्र था, पर बाद में वह शत्रु बन गया। सन् 1180 तथा 1190 के दशकों में तेमूचिन आंग खाँ का मित्र रहा और उसने इस मित्रता का लाभ जमूका जैसे प्रतिद्वंद्वियों को हराने के लिए उठाया।

जमूका को हराने के बाद उसमें बहुत आत्मविश्वास आ गया और वह अन्य कबीलों के खिलाफ युद्ध के लिए निकल पड़ा। इनमें उसके पिता के हत्यारे शक्तिशाली तातार खाँ और खुद आंग खाँ शामिल थे। आंग खाँ के विरुद्ध उसने सन् 1203 में युद्ध छेड़ा। सन् 1206 में तेमूचिन जमूका और नेमन लोगों को निर्णायक रूप से परास्त करने के बाद स्टेपी क्षेत्र का सबसे प्रभावशाली व्यक्ति बन गया।

उसके इस प्रभुत्व को देखते हुए मंगोल कबीलों के सरदारों की एक सभा (कुरिलताई) में उसे मान्यता मिली और उसे 'चंगेज खाँ' (समुद्री खाँ) या सार्वभौमिक शासक की उपाधि देने के साथ 'महानायक' घोषित किया गया।

कुरिलताई से मान्यता मिलने तक वह मंगोलों की एक सुसंगठित सेना तैयार कर चुका था। उसकी पहली इच्छा चीन पर विजय प्राप्त करने की थी। चीन उस समय तीन भागों में विभक्त था—उत्तर-पश्चिमी प्रांत में तिब्बती मूल के सी लिया लोग, जरचेन लोगों का चीनी राजवंश, जो उस समय आधुनिक बीजिंग के उत्तरवाले क्षेत्र में शासन कर रहे थे तथा शुंग राजवंश, जिसके अंतर्गत दक्षिणी चीन आता था।

सन् 1209 में सी लिया लोग परास्त कर दिए गए। सन् 1213 में चीन की महान् दीवार का अतिक्रमण हो गया और 1215 में पैकिंग नगर को लूट लिया गया।

चीनी राजवंश के खिलाफ सन् 1234 तक लड़ाइयाँ चलीं, पर अपने सैन्य अभियान की प्रगति को देख चंगेज खाँ अपने अनुचरों की देख-रेख में युद्ध को छोड़ वापस मातृभूमि मंगोलिया लौट गया।

सन् 1218 में करा खिता की पराजय के बाद मंगोल साम्राज्य अमू दरिया, तुरान और ख्वारिज्म राज्यों तक विस्तृत हो गया। सन् 1219 से 1221 के बीच कई राज्यों—ओट्रार, बुखारा, समरकंद, बल्ख, गुरगंज, निशापुर तथा हेरात ने मंगोल सेना के सामने समर्पण कर दिया। जिन नगरों ने प्रतिरोध किया, उनका

विध्वंस कर दिया गया। इस दौरान मंगोलों ने बेपनाह बर्बरता का परिचय दिया और लाखों की संख्या में लोगों की हत्याएँ कीं।

चंगेज खाँ ने गजनी और पेशावर पर अधिकार कर लिया तथा ख्वारिज्म वंश के शासक अलाउद्दीन मुहम्मद को कैस्पियन सागर की ओर खदेड़ दिया, जहाँ सन् 1220 में उसकी मृत्यु हो गई।

उसका उत्तराधिकारी जलालुद्दीन मंगपर्नी हुआ, जो मंगोलों के आक्रमण से भयभीत होकर गजनी चला गया। चंगेज खाँ ने उसका पीछा किया और सिंधु नदी के तट पर उसको हरा दिया।

जलालुद्दीन सिंधु नदी को पार कर भारत आ गया, जहाँ उसने दिल्ली के सुल्तान इल्तुतमिश से सहायता की फरियाद रखी। इल्तुतमिश ने शक्तिशाली चंगेज खाँ के भय से उसको सहायता देने से इनकार कर दिया।

इस समय चंगेज खाँ ने सिंधु नदी को पार कर भारत पर हमला करने का निश्चय किया; पर असह्यय गरमी, प्राकृतिक आवास की कठिनाइयों तथा उसके शासन नीति विशेषज्ञों द्वारा सतर्क किए जाने पर वह जलालुद्दीन के विरुद्ध एक सैन्य टुकड़ी को छोड़कर वापस आ गया।

इस तरह भारत में उसके न आने से तत्काल भारत एक संभावित लूट-पाट और बीभत्स उत्पात से बच गया।

एशिया के उत्तरी भाग और मध्यवर्ती देशों को आतंकित करनेवाला चंगेज खाँ अपने जीवन का अधिकांश भाग युद्धों में ही व्यतीत करता रहा। दुनिया में दरिंदगी की मिसाल कायम करने के बाद सन् 1229 में उसकी मृत्यु हो गई।

चंगेज खाँ इतिहास का सबसे बड़ा हमलावर था। एक नए अनुसंधान के अनुसार उस क्रूर मंगोल योद्धा ने अपने हमलों में इस कदर लूट-पाट की और खून-खराबा किया कि एशिया में चीन, अफगानिस्तान सहित उज्बेकिस्तान, तिब्बत और बर्मा आदि देशों की बहुत बड़ी आबादी का सफाया ही हो गया।

समझा जाता है कि विभिन्न देशों में उसके हमलों में तकरीबन 4 करोड़ लोग मारे गए। शुक्र है कि वह 65 साल की उम्र में ही मर गया और अन्य मंगोलों की तरह सौ-सवा सौ साल तक नहीं जिया, अन्यथा और भी अनर्थ होता।

□

चंद्रगुप्त मौर्य

(Chandragupta Maurya)

(ई.पू. 340–ई.पू. 293)

चंद्रगुप्त मौर्य के जन्म–वंश के संबंध में विवाद है। ब्राह्मण, बौद्ध तथा जैन ग्रंथों में परस्पर विरोधी विवरण मिलते हैं।

विविध प्रमाणों और आलोचनात्मक समीक्षा के बाद यह तर्क निर्धारित होता है कि चंद्रगुप्त मोरिय वंश का क्षत्रिय था। चंद्रगुप्त के पिता मोरिय नगर के प्रमुख थे। जब वह गर्भ में ही था, तब उसके पिता की मृत्यु युद्धभूमि में हो गई थी।

उसका जन्म पाटलिपुत्र में हुआ था और वह एक गोपालक द्वारा पोषित किया गया था। चरवाहा तथा शिकारी के रूप में ही उसके अंदर राजा के गुण होने का अंदाजा चाणक्य ने लगा लिया था तथा उसे एक हजार कषार्पण में खरीद लिया था।

चाणक्य ने चंद्रगुप्त को तक्षशिला लाकर सभी विद्या में निपुण बनाया। अध्ययन के दौरान ही संभवत: चंद्रगुप्त सिकंदर से मिला था। ई.पू. 323 में सिकंदर की मृत्यु हो गई। वहीं उत्तरी सिंधु घाटी में प्रमुख यूनानी क्षत्रिय फिलिप द्वितीय की हत्या हो गई।

जिस समय चंद्रगुप्त राजा बना था, भारत की राजनीतिक स्थिति बहुत खराब थी। उसने सबसे पहले एक सेना तैयार की और सिकंदर के विरुद्ध युद्ध आरंभ किया। ई.पू. 317 तक उसने संपूर्ण सिंध और पंजाब प्रदेशों पर अधिकार कर लिया।

इसके बाद चंद्रगुप्त मौर्य सिंध तथा पंजाब का एकच्छत्र शासक हो गया। पंजाब और सिंध विजय के बाद चंद्रगुप्त एवं चाणक्य ने घनानंद का नाश करने हेतु मगध पर आक्रमण कर दिया। युद्ध में घनानंद मारा गया और चंद्रगुप्त भारत के एक विशाल साम्राज्य मगध का शासक बन गया।

सिकंदर की मृत्यु के बाद सेल्यूकस उसका उत्तराधिकारी बना। वह सिकंदर द्वारा जीता हुआ भू-भाग प्राप्त करने के लिए उत्सुक था। इस उद्देश्य से ई.पू. 305 में उसने भारत पर पुनः चढ़ाई की।

चंद्रगुप्त ने पश्चिमोत्तर भारत के यूनानी शासक सेल्यूकस निकेटर को पराजित कर हेरात, कंधार, काबुल के भू-भाग को अधिकृत कर विशाल भारतीय साम्राज्य की स्थापना की। सेल्यूकस ने अपनी पुत्री हेलन का विवाह चंद्रगुप्त से कर दिया। उसने मेगस्थनीज को राजदूत के रूप में चंद्रगुप्त के दरबार में नियुक्त किया।

चंद्रगुप्त मौर्य ने पश्चिम में सौराष्ट्र तक प्रदेश जीतकर अपने प्रत्यक्ष शासन के अंतर्गत शामिल कर लिया। गिरनार अभिलेख (ई.पू. 150) के अनुसार, इस प्रदेश में पुष्पगुप्त वैश्य चंद्रगुप्त मौर्य का राज्यपाल था। उसने सुदर्शन झील का निर्माण किया। दक्षिण में चंद्रगुप्त मौर्य ने कर्नाटक तक विजय प्राप्त की।

चंद्रगुप्त एक कुशल योद्धा, सेनानायक तथा महान् विजेता ही नहीं था, बल्कि एक योग्य शासक भी था। इतने बड़े साम्राज्य की शासन व्यवस्था कोई सरल कार्य नहीं था। उसने अपने महामंत्री चाणक्य की सहायता से एक ऐसी शासन व्यवस्था का निर्माण किया, जो उस समय के अनुकूल थी।

यह शासन व्यवस्था एक हद तक मगध के पूर्वगामी शासकों द्वारा विकसित शासन-तंत्र पर आधारित थी, किंतु इसका अधिक श्रेय चंद्रगुप्त और चाणक्य की सृजनात्मक क्षमता को ही दिया जाना चाहिए।

चाणक्य ने लिखा है कि उस समय शासन-तंत्र पर जो भी ग्रंथ उपलब्ध थे और भिन्न-भिन्न राज्यों में जो शासन-प्रणालियाँ प्रचलित थीं, उन सबका भलीभाँति अध्ययन करने के बाद उसने अपना प्रसिद्ध ग्रंथ 'अर्थशास्त्र' लिखा।

विद्वानों का विचार है कि मौर्य शासन व्यवस्था पर तत्कालीन यूनानी

तथा आखमीनी शासन प्रणाली का भी कुछ प्रभाव पड़ा। चंद्रगुप्त ने ऐसी शासन व्यवस्था स्थापित की, जिसे परवर्ती भारतीय शासकों ने भी अपनाया।

इस शासन की मुख्य विशेषताएँ थीं—सत्ता का अत्यधिक केंद्रीकरण, विकसित आधिकारिक तंत्र, उचित न्याय, नगर शासन, कृषि, शिल्प, उद्योग, संचार, वाणिज्य एवं व्यापार की वृद्धि के लिए राज्य के द्वारा अनेक कारगर उपाय।

चंद्रगुप्त के शासन-प्रबंध का एक उद्देश्य लोकहित था। जहाँ एक ओर आर्थिक विकास एवं राज्य की समृद्धि के अनेक ठोस कदम उठाए गए और शिल्पियों एवं व्यापारियों के जान-माल की सुरक्षा की गई, वहीं दूसरी ओर जनता को उनकी अनुचित तथा शोषणात्मक कार्य-विधियों से बचाने के लिए कठोर नियम भी बनाए गए।

दासों और कर्मकारों को मालिकों के अत्याचार से बचाने के लिए विस्तृत नियम थे। अनाथ, दरिद्र, मृत सैनिकों तथा राज कर्मचारियों के परिवारों के भरण-पोषण का भार राज्य के ऊपर था। तत्कालीन मापदंड के अनुसार, चंद्रगुप्त का शासन-प्रबंध एक कल्याणकारी राज्य की धारणा को चरितार्थ करता है।

यह शासन निरंकुश था, दंड व्यवस्था कठोर थी और व्यक्ति की स्वतंत्रता का सर्वथा अभाव था; किंतु यह सब नवजात साम्राज्य की सुरक्षा तथा प्रजा के हितों को ध्यान में रखकर किया गया था। चंद्रगुप्त की शासन व्यवस्था का चरम लक्ष्य 'अर्थशास्त्र' के निम्न उद्धरण से व्यक्त होता है—

'प्रजा के सुख में ही राजा का सुख है और प्रजा की भलाई में ही उसकी भलाई। राजा को जो अच्छा लगे, वह हितकर नहीं है; बल्कि हितकर वह है, जो प्रजा को अच्छा लगे।'

□

चार्ल्स मेगने

(Charle Magne)

(सन् 742 या 747–814)

सन् 768 में जब चार्ल्स मेगने और उसके बड़े भाई कार्लोमेन को फ्रैंकलैंड का संयुक्त रूप से शासक बनाया गया, तब रोमन साम्राज्य का ज्यादा हिस्सा बचा हुआ नहीं रह गया था।

फ्रैंकलैंड को दुश्मनों ने हर दिशा से घेर रखा था। दक्षिण की तरफ से मुसलिम और समुद्री डाकू हमले कर रहे थे, उत्तर की तरफ से सेक्सोन छापामार हमले कर रहे थे और पूर्वी सीमा पर हमेशा युद्ध छिड़ने की आशंका बनी हुई थी।

सारी मुसीबतें बाहरी ही नहीं थीं। फ्रैंक लोगों के समुदाय से ही जुड़े बावेरियन लोग बगावत करने पर उतारू थे। वहीं चार्ल्स के पिता पेपीन ने अपने दोनों बेटों को शासक बनाकर समस्या को और भी जटिल बना दिया था।

गृह युद्ध छिड़ने से पहले कार्लोमेन बीमार पड़ गया और सन् 771 में उसका देहांत हो गया। चार्ल्स ने सभी मंत्रियों का विश्वास जीतने में सफलता पाई थी।

चार्ल्स ने अपनी सेना में घुड़सवार दस्ता तैयार किया था, जो सेक्सोन लोगों के साथ युद्ध में अत्यंत कारगर साबित हुआ था। वह युद्ध 30 वर्षों से अधिक समय तक चलता रहा था। वह एक किस्म की छापामार लड़ाई थी और उस लड़ाई के दौरान चार्ल्स ने रोम साम्राज्य के सुनहरे दिनों से लेकर

तब तक यूरोप की सर्वश्रेष्ठ गुप्तचर सेवा तैयार कर ली थी।

जब यह युद्ध समाप्त हुआ, तब सेक्सोन-नरेश ने अपने अनुयायियों के साथ ईसाई धर्म अपना लिया। चार्ल्स ने लोम्बार्ड लोगों की कैद से पोप एड्रियन को आजाद करवाया और लोम्बार्डी (उत्तरी इटली) को अपने साम्राज्य में शामिल कर लिया।

चार्ल्स ने ईसाइयों की सहायता करने के लिए स्पेन पर हमला किया, मगर वहाँ उसे कुछ हासिल नहीं हुआ। पाइरेनीस से लौटते समय बास्क लोगों ने पीछे की तरफ से उसकी सेना पर हमला किया और उसे काफी नुकसान पहुँचाया।

चार्ल्स की रणनीति काफी प्रभावशाली होती थी। वह दुश्मनों की गतिविधियों का पता लगाने के लिए अपनी गुप्तचर सेवा का इस्तेमाल करता था और अकसर दुश्मनों की आँखों में धूल झोंकने के लिए सेना को दो या अधिक टुकड़ियों में विभाजित कर देता था। फिर वह अंतिम क्षणों में अपने सैनिकों को एकत्रित कर प्रबल वेग के साथ आक्रमण कर देता था। बावेरिया के खिलाफ अपने अभियान के दौरान उसने इसी रणनीति का इस्तेमाल किया था।

चार्ल्स का चचेरा भाई और अधीन शासक टासिलो बावेरिया का ड्यूक था, जिसने इटली को लोम्बाई शक्तियों और पूर्व के आबर खानाबदोशों से दोस्ती कर रखी थी। चार्ल्स ने टासिलो को दरबार में बुलाकर विश्वासघात के आरोप का जवाब देने के लिए कहा। फिर उसने अपने मंत्रियों से जब सेना को अभियान के लिए तैयार करने को कहा, तब सभी ने यही समझा कि वह बावरिया पर आक्रमण करनेवाला था।

मगर बावरिया पर हमला करने की जगह वह सेना लेकर इटली चला गया। उसने बेनेवेंटम के ड्यूक के राज्य में प्रवेश किया, जो होसिलो का लोम्बाई सहयोगी था। ड्यूक आर्चिस इस तरह के हमले का सामना करने के लिए तैयार नहीं था। वह भागकर सिसली चला गया और पूर्वी रोमन लोगों से मदद माँगने लगा। उसे मदद नहीं मिली और उसे चार्ल्स की अधीनता स्वीकार करनी पड़ी।

चार्ल्स की सेना ने फिर बावरिया को तीन तरफ से घेर लिया। बावरिया की सेना ने टासिलो के निर्देश का उल्लंघन करते हुए युद्ध करने से इनकार कर दिया। टासिलो ने आबर खानाबदोशों से मदद माँगी। मगर वे भी एक ऐसे शासक की मदद करने के लिए तैयार नहीं हुए, जिसकी अपनी सेना उसकी बात नहीं मान रही थी।

टासिलो ने चार्ल्स के सामने समर्पण कर दिया। पहले उसे मृत्युदंड की सजा सुनाई गई, फिर उसे माफी देते हुए चार्ल्स ने उसे एक गिरजाघर में रहने के लिए भेज दिया।

पोप लियो तृतीय ने चार्ल्स मेगने को सन् 800 में रोमन साम्राज्य का सम्राट् घोषित कर दिया। रोमन साम्राज्य में मुसलिमों द्वारा हड़पी गई पहले की रोमन भूमि (स्पेन, उत्तरी अमेरिका, मिस्त्र, सीरिया, फिलिस्तीन और मेसोपोटामिया) शामिल नहीं थी, न ही यूनान और एनाटोलिया शामिल थे (जो पूर्वी रोमन साम्राज्य के अंग थे)। इसमें ब्रिटेन भी शामिल नहीं था (हालाँकि चार्ल्स मेगने ने इंग्लैंड के शासकों से मैत्रीपूर्ण संबंध कायम किया था)। लेकिन इसमें आधुनिक फ्रांस, बेल्जियम, लक्जमबर्ग, नीदरलैंड, इटली, स्विट्जरलैंड, जर्मनी, चेक गणतंत्र, स्लोवाकिया, ऑस्ट्रिया और हंगरी शामिल थे।

चार्ल्स मेगने ने केवल इन भिन्न राज्यों को एकत्रित ही नहीं किया, बल्कि उसने विद्यालयों की स्थापना करने के लिए आयरलैंड और इंग्लैंड के विद्वानों को आमंत्रित भी किया, नगरों को नए सिरे से बसाया तथा कला और हस्तशिल्प को बढ़ावा दिया।

चार्ल्स मेगने के दरबार के विद्वान् अलसुइन ऑफ चार्क ने मानक वर्णमाला का विकास किया। गिरजाघरों और अन्य भवनों का कलात्मक रूप से निर्माण होने लगा। मिनिएचर पेंटिंग और रेखांकन का विकास हुआ।

चार्ल्स मेगने ने अपने शासनकाल में जन-कल्याण के जो कार्य शुरू किए, उसे देखते हुए उसके काल को 'मेगने का नवजागरण काल' कहा गया।

चार्ल्स मेगने ने पश्चिमी रोमन साम्राज्य के खोए हुए गौरव को नए सिरे

से स्थापित करने का प्रयास किया। उसने समस्त यूरोप के एकत्रीकरण का सपना देखा। उसने प्राचीन रोमन साम्राज्य को जीवित करने की दिशा में कदम उठाया।

चार्ल्स मेगने सभ्यता का विकास करना चाहता था। आयरिश, एंग्लो-सेक्सोन और इतालवी लोगों का विकास होने लगा था। चार्ल्स मेगने ने विकास की इस प्रक्रिया को तेज किया था। उसने अपने साम्राज्य के विभिन्न हिस्सों में विद्वानों को नियुक्त किया था।

दूसरी तरफ बाहरी और भीतरी दुश्मनों ने 30 साल के बाद साम्राज्य को बिखेरकर रख दिया था।

□

जॉन ऑफ आर्क

(Joan of Arc)

(सन् 1412-1431)

संत जॉन ऑफ आर्क या ऑर्लियन्स की कन्या फ्रांस की वीरांगना थी, जिसे रोमन कैथोलिक चर्च में संत माना जाता है।

जॉन का जन्म सन् 1412 में, फ्रांस के उत्तर-पश्चिम में एक किसान के घर में हुआ था। उस समय शिक्षा का प्रसार नहीं था, इसलिए जॉन को भी कोई उच्च शिक्षा नहीं मिली थी।

बचपन से ही जॉन एकांत उपासना में अकसर मगन रहा करती। घर का काम-काज वह बहुत ही कम देखती। देश की दुर्दशा की कहानी वह गौर से दूसरों के मुँह से सुना करती।

फ्रांस के कितने ही प्रदेशों पर छल-बल और उत्तराधिकार के सूत्र से इंग्लैंड ने कब्जा कर लिया था।

तेरह-चौदह वर्ष की अवस्था में ही जॉन ने फ्रांस को विदेशियों के चंगुल से निकालने का मंसूबा कर लिया था। जॉन को फ्रांस के उद्धार के लिए ईश्वरीय आज्ञा हुई कि फ्रांस तुम्हारी ही सहायता से इंग्लैंड के चंगुल से फिर से निकल सकेगा।

जॉन ने प्रतिज्ञा की कि वह अविवाहित रहकर देशोद्धार की चेष्टा में ही जीवन व्यतीत करेगी; मगर परिवार ने उसकी इस बात का विरोध किया। उसके पिता ने उसे इस विचार से हटाने के लिए निश्चय किया कि जरूरत पड़ने पर वह उसे नदी में डुबोकर मार डालेगा।

इसी समय एक अमीर आदमी ने जॉन के साथ विवाह करने का प्रस्ताव रखा। माता-पिता उसके प्रस्ताव से सहमत हो गए, किंतु जॉन किसी तरह से भी राजी नहीं हुई। उस अमीर ने यह बात फैला दी कि जॉन ने विवाह के लिए अपनी सहमति दे दी है। मामला अदालत तक गया, मगर वहाँ भी जॉन की विजय हुई।

उसी समय बेडफोर्ड के ड्यूक ने फ्रांस पहुँचकर बरगंडी की सेना की सहायता से एक छोटी सी सैन्य टुकड़ी चार्ल्स के विरुद्ध लड़ने के लिए भेजी। कितने ही छोटे-छोटे शहर हथिया लेने के बाद चार्ल्स के प्रधान अड्डे ऑर्लिंस पर आक्रमण करने की तैयारी होने लगी। इस आक्रमण पर ही चार्ल्स का भाग्य निर्भर कर रहा था।

सन् 1428 के अक्तूबर महीने में ऑर्लिंस को घेर लिया गया। पहली ही मुठभेड़ में अंग्रेजों की जीत हुई; पर उनका सरदार सलिसबरी एक मुठभेड़ में मारा गया। उससे शून्य हुए पद पर सफोक का अर्ल नियुक्त हुआ। अर्ल ने नगर को घेर लिया और बाहर से अनाज की आपूर्ति रोककर नगर को अपने अधिकार में करने की युक्ति ढूँढ़ निकाली।

ऑर्लिंस के घेरे जाने के समाचार से जॉन अत्यंत उत्तेजित हुई। उसने ऑर्लिंस उद्धार के बाद चार्ल्स को रिमूस नगर में विधिपूर्वक अभिषिक्त करने की प्रतिज्ञा ली। उसी समय से जॉन राजा से मिलने की कोशिश करने लगी। उसके माता-पिता उसे रोकने लगे और गवर्नर ने भी बाधा डाली।

सारी बाधाओं को पार कर जॉन राजा से मिली और कहा, ''मैं कुमारी जॉन हूँ। ईश्वर के आदेश से मैं आपके पास आई हूँ और घोषणा करती हूँ कि मैं अंग्रेजों के हाथ से राज्य का उद्धार करके आपको रिमूस में विधिपूर्वक सिंहासन पर बैठाऊँगी।''

राजा ने जॉन की अलौकिक शक्ति का परीक्षण करवाया। जब जॉन का दावा सही साबित हुआ तब फ्रेंच सेना ने उसे अपनी नेत्री बनाया।

विश्वास, साहस और त्याग के बल से उसने फ्रेंच सेना के हृदय में अपनी जगह बना ली और उसी के इन गुणों से फ्रांसीसियों ने बड़ी ही वीरता के साथ अंग्रेजों को पीछे हटाना आरंभ कर दिया।

ऑर्लिंस की विजय के बाद जॉन को 'ऑर्लिंस की कन्या' कहकर पुकारा जाने लगा। देश का एक बड़ा भाग हाथ में आ जाने पर जॉन ने चार्ल्स का अभिषेक रिमूस नगर में बड़ी धूमधाम से किया।

युद्ध जारी रहा। एक युद्ध में जॉन के एक पैर में चोट लगी, किंतु वह अपने सैनिकों को आगे बढ़ने का हुक्म देती ही रही।

तब तक जॉन को किसी लड़ाई में असफलता नहीं मिली थी। पर अब समय बदल रहा था। ओइस नदी के किनारे कंपेन नामक शहर पर अंग्रेजों ने धावा बोला और उसे बचाने के लिए मुट्ठी भर लोगों के साथ जॉन आगे बढ़ी।

पहले तो उसने अंग्रेजों को मार भगाया, पर पीछे से दूसरी अंग्रेज सेना आ गई। जॉन को तब अपनी गलती का अहसास हुआ और उसने अपने सैनिकों को पीछे हटने का आदेश दिया।

जॉन को भागते हुए अंग्रेजों ने बंदी बना लिया।

जॉन पर विधर्मी होने का झूठा आरोप लगाया गया और खूँटे से बाँधकर उसे जिंदा जला दिया गया। उस समय जॉन की उम्र कुल 19 वर्ष की थी।

जॉन की मृत्यु के 24 वर्ष बाद पोप कैलिक्सटस तृतीय ने मामले पर सुनवाई की और जॉन को अपराध-मुक्त घोषित कर दिया। 16 मई, 1920 को जॉन ऑफ आर्क को संत घोषित कर दिया गया।

पाश्चात्य संस्कृति में जॉन ऑफ आर्क की बहुत महत्ता है। नेपोलियन से लेकर आधुनिक नेताओं तक जॉन से प्रेरणा ग्रहण करते रहे हैं।

बहुत से लेखकों ने जॉन के जीवन से प्रेरित होकर साहित्य रचा है, जिनमें शामिल हैं—विलियम शेक्सपीयर, वॉल्टेयर, फ्रेडरिक शिलर, जिसेस वर्दी, मार्क ट्वेन, ब्रेख्त और जॉर्ज बर्नार्ड शॉ।

□

जॉर्ज वाशिंगटन
(George Washington)
(सन् 1732-1799)

जॉर्ज वाशिंगटन का जन्म 22 फरवरी, 1732 को वर्जीनिया में हुआ। वह ऑगस्टीन और मैरी वाशिंगटन का ज्येष्ठ पुत्र था।

जब सन् 1743 में जॉर्ज के पिता का देहांत हो गया तो वह अपने सौतेले भाई के पास रहने के लिए चला गया। उसने शुरू में सर्वेयर की नौकरी की।

सौतेले भाई के देहांत के बाद जॉर्ज पोटोमेक नदी के किनारे स्थित माउंट वर्नोन इस्टेट का मालिक बन गया।

सन् 1753 में उसने सैनिक जीवन की शुरुआत की। उसे वर्जीनिया के एक जिले का सैन्य अधिकारी नियुक्त किया गया। उसे सबसे पहला आदेश फ्रेंच सेना को चेतावनी देने के लिए दिया गया, क्योंकि वे लोग ब्रिटिश क्षेत्र में अतिक्रमण करने की कोशिश कर रहे थे।

सन् 1754 में जॉर्ज फ्रेंच और इंडियन युद्ध में शामिल हुआ। फोर्ट दुकुसने की तरफ बढ़ते हुए उसने फ्रेंच सैनिक टुकड़ी पर आक्रमण किया। उसके समूह ने 12 सैनिकों को मार डाला और 22 को घायल कर दिया।

इस तरह युद्ध वास्तविक रूप से शुरू हो गया। 3 जुलाई, 1754 को फोर्ट नेसेसिटी के पास जॉर्ज को हथियार डालने के लिए मजबूर होना पड़ा।

उस साल के अंत में उसने सेना से त्यागपत्र दे दिया। मगर अगले साल वह फिर सेना में शामिल हो गया। वह ब्रिटिश जनरल ब्रेड डॉक की उस सैनिक टुकड़ी में शामिल था, जिसने सन् 1758 में फोर्ट दुकुसने पर

कब्जा कर लिया था।

आनेवाले समय में शुरू होनेवाले क्रांतिकारी युद्ध के दौरान उसकी हार-जीत से उसके भविष्य की दिशा निर्धारित होने वाली थी।

उसने बर्गेसेस के वर्जीनिया हाउस में सन् 1759 से 1774 तक काम किया। जॉर्ज ने मार्था कस्टीस से विवाह किया।

उपनिवेशों के प्रति ब्रिटिश लोगों के बरताव से क्षुब्ध होकर वह पहली और दूसरी महाद्वीपीय कांग्रेस का प्रतिनिधि बना। उसने भले ही बहस में सक्रिय भागीदारी नहीं की, मगर उस दौरान वह उपस्थित रहा।

जून 1775 में उसे महाद्वीपीय सेना का कमांडर इन चीफ नियुक्त किया गया। उसका पहला काम 14 हजार अप्रशिक्षित सैनिकों को प्रशिक्षण देना था।

सन् 1776 के उत्तरार्ध में उसने न्यूयॉर्क सिटी को ब्रिटिश सेना के हाथों गँवा दिया; लेकिन वह शहर से अपनी सेना को सुरक्षित बाहर निकालने में सफल रहा।

सन् 1776 में क्रिसमस की रात उसने डेलवेयर नदी को पार किया और ट्रेनटोन को ब्रिटिश सेना के कब्जे से छीन लिया। जनवरी 1777 के पहले सप्ताह में उसने प्रिंस्टन पर कब्जा कर लिया।

सन् 1777-78 की जानलेवा सर्दी के दिनों में जॉर्ज ने अपने सैनिकों का मनोबल मजबूत बनाने का प्रयास वैली फोर्ग में किया।

उस साल वसंत में जॉर्ज को अपनी लड़ाई में प्रुशिया के बैरन वॉन स्टूबेन और फ्रेंच मार्कीस द लाफायट की मदद मिली।

सन् 1780 में युद्ध दक्षिण की तरफ छिड़ गया। अंततः 19 अक्तूबर, 1781 को महाद्वीपीय सेना ने यॉर्क टाउन में कॉर्नवालिस को घेर लिया।

कॉर्नवालिस के समर्पण के साथ ही क्रांतिकारी युद्ध भी समाप्त हो गया।

सन् 1789 में जॉर्ज को संयुक्त राज्य अमेरिका का पहला राष्ट्रपति चुना गया। अपने पहले कार्यकाल में जॉर्ज को अलेक्जेंडर हैमिल्टन और थॉमस जेफरसन के नीतिगत टकराव को संतुलित करने का प्रयास करना पड़ा।

सन् 1792 में जॉर्ज को दोबारा राष्ट्रपति पद के लिए चुना गया। उसने सन् 1794 में जे की संधि को स्वीकार किया। उस संधि के जरिए ब्रिटेन और अमेरिका के बीच विवादों का निपटारा करने में सहायता मिली।

जॉर्ज ने तीसरी बार राष्ट्रपति पद का चुनाव लड़ने से इनकार कर दिया और सन् 1797 में वह सेवानिवृत्त हो गया।

सेवानिवृत्ति के बाद जॉर्ज वर्जीनिया के अपने घर में रहने लगा। दिसंबर 1799 में निमोनिया से ग्रस्त होने के बाद उसका देहांत हो गया। जॉर्ज के निजी सचिव के अनुसार, मरते समय जॉर्ज के मुँह से अंतिम शब्द जो निकले, उसका अर्थ था—'यही ठीक है।'

जॉर्ज वाशिंगटन को अमेरिका का 'राष्ट्रपिता' कहा जाता है। सन् 1776 से 1783 तक चलनेवाले क्रांतिकारी युद्ध के दौरान जॉर्ज ने केवल तीन अवसरों पर स्पष्ट विजय हासिल की थी—ट्रेनटोन, प्रिंस्टन और यार्क टाउन। शुरू के दो युद्धों के बीच अधिक अंतराल नहीं रहा। वहीं यार्क टाउन के युद्ध के चलते क्रांतिकारी युद्ध का समापन ही हो गया था। सैन्य लीडर के तौर पर जॉर्ज की सबसे बड़ी खूबी यही थी कि जब तक वह लड़ने की तैयारी पूरी नहीं कर लेता था, तब तक टकराव को टालता रहता था।

जॉर्ज की इसी खूबी को देखते हुए ब्रिटिश जनरल चार्ल्स कॉर्नवालिस उसका उल्लेख अकसर 'बूढ़ी लोमड़ी' के संबोधन के साथ करता था।

□

जीन बैपटिस्ट द ग्रीब्रेवल

(Jean-Baptiste Vaquette de Gribeauval)

(सन् 1715–1789)

एक समय ऐसा भी था, जब सेना के बंदूकधारी दस्ते को, जो आधा मील की दूरी से ही दुश्मनों को मार सकता था, वास्तविक योद्धा नहीं माना जाता था। यही वजह थी कि ऐसे दस्ते में शामिल बंदूकधारियों के लिए वरदी, प्रशिक्षण और परिवहन की सुविधाएँ मुहैया कराने की तरफ ध्यान नहीं दिया जाता था।

फिर सन् 1732 में आमीन्स के एक न्यायाधीश का पुत्र फ्रेंच बंदूकधारी दस्ते में शामिल हुआ। उस दस्ते को उसने अपनी रुचि के हिसाब से चुना था। तीन साल बाद वह अपना कमीशन अर्जित कर पाने में सफल हुआ।

जीन बैपटिस्ट द ग्रीब्रेवल अगर पैदल सेना या घुड़सवार सेना में शामिल हुआ होता तो वह कभी भी एक अधिकारी नहीं बन सकता था। ऐसे दस्तों में अधिकारी बनने के लिए राजकीय परिवारों से संबद्ध होना जरूरी माना जाता था। लेकिन बंदूकधारी दस्ते में कोई भी कुशल निशानेबाज अधिकारी के पद पर पहुँचने के लिए योग्य माना जाता था।

जिस समय ग्रीब्रेवल सैनिक टुकड़ी का नेतृत्व करते हुए बंदूक निर्माण कला का अध्ययन कर रहा था, उस समय कुछ नई किस्म की बंदूकों का निर्माण शुरू हुआ था।

हालाँकि उस समय तक अन्य यूरोपीय बंदूकधारी दस्ते की तरह वह भी बेढंगी बंदूकों और गोलियों का ही इस्तेमाल करने के लिए विवश था।

चूँकि प्रत्येक बंदूक अलग-अलग साँचे की सहायता से बनाई जाती थी, इसीलिए बोर के आकार में कोई समानता नहीं होती थी।

इसी तरह जो तोपें बनाई गई थीं, उनकी सहायता से किसी तरह विस्फोटक को सामने की तरफ फेंककर आग लगाई जाती थी। कुछ बंदूकें लंबी होती थीं तो कुछ छोटी होती थीं; कुछ भारी-भरकम होती थीं तो कुछ हलकी होती थीं।

15वीं शताब्दी के इटालियन युद्ध के बाद से बंदूकों के परिवहन की व्यवस्था में कोई खास सुधार नहीं हुआ था।

जब सात वर्षों तक चलनेवाला युद्ध शुरू हो गया, तब ग्रीब्रेवल को फ्रांस के मित्र देश ऑस्ट्रिया की सेना की तरफ से लड़ने के लिए भेजा गया। उसे ऑस्ट्रियाई लेफ्टिनेंट फील्ड मार्शल बना दिया गया।

युद्ध के समाप्त होने के समय तक वह ऑस्ट्रिया के समस्त बंदूकधारी दस्ते का संचालन करता रहा था।

सन् 1764 में वह फ्रांस लौटकर आया और उसे बंदूकधारी दस्ते का इंस्पेक्टर बना दिया गया। अगले साल उसे फ्रेंच सेना में लेफ्टिनेंट जनरल का पद सौंपा गया। लेकिन एक साधारण परिवार से संबद्ध होने के कारण उसे इंस्पेक्टर जनरल के पद तक पहुँचने में दस साल लग गए।

40 सालों तक बंदूक चलाने का अनुभव होने के कारण ग्रीब्रेवल के पास अपने प्रिय हथियार के आधुनिकीकरण का अवसर था। उसने अपने इस क्षेत्र का केवल आधुनिकीकरण ही नहीं किया, बल्कि इस क्षेत्र में क्रांति ला दी।

उसने तोपखाना की तीन शाखाएँ बनाईं—गैरीसन, सीज एवं फील्ड। गैरीसन गन अत्यंत भारी-भरकम होती थीं, जिन्हें एक स्थान से दूसरे स्थान तक ले जाने में कठिनाई होती थी। सीज गन भी भारी होती थीं, पर उनको उठाकर एक स्थान से दूसरे स्थान तक ले जाया जा सकता था। फील्ड गन हलकी होती थीं और उनको साथ में लेकर एक स्थान से दूसरे स्थान तक जाया जा सकता था।

पहले तोपखाने के आकारों की कोई सीमा नहीं होती थी और न ही

एकरूपता होती थी। ग्रीब्रेवल ने उनके तीन आकार सुनिश्चित किए—4, 8 और 12 पाउंडर। फील्ड गन 4 पाउंडर की होती थी।

उसने बाद में 6 पाउंडर की फील्ड गन बनाने की अनुमति दे दी। गन का वजन उससे छोड़े जानेवाले लोहे के गोले के वजन से 150 गुना तक निर्धारित कर दिया गया था।

गन के निर्माण में सुधार करने के अलावा ग्रीब्रेवल ने हॉवित्जर और मोर्टार जैसे हथियारों के निर्माण के लिए नए मानदंड निर्धारित किए।

उसने तोपखाने की परिवहन व्यवस्था में भी उल्लेखनीय सुधार किया। उसने तोपखाने को खींचनेवाली गाड़ी में एक ही जगह दो घोड़ों को जोतने की व्यवस्था की। इसके साथ ही उसने परिवहन का दायित्व बाहरी ठेकेदारों को देने की प्रथा पर रोक लगा दी।

उसने अपने सैनिकों को नियमित रूप से अपने प्रयोगों का अभ्यास कराया और सैन्य विद्या के क्षेत्र में नए अध्याय की शुरुआत की।

ग्रीब्रेवल के इन सुधारों को काफी दिनों के बाद पूरी तरह लागू किया गया और इन सुधारों ने युद्ध की पुरानी परिपाटी बदलकर रख दी।

सन् 1788 में फ्रेंच सेना में जिस डिवीजन प्रणाली की शुरुआत हुई, उसे आने वाले समय में भी बरकरार रखा गया।

उसके सुधारों पर सन् 1889 तक अमल किया जाता रहा।

ग्रीब्रेवल का देहांत 9 मई, 1889 को हो गया।

□

जूलियस सीजर

(Julius Caesar)

(ई.पू. 100-ई.पू. 44)

सीजर इतिहास-प्रसिद्ध रोमन सैनिक एवं नीतिज्ञ गोयस जूलियस सीजर (100-44 ई.पू.) से लेकर सम्राट् हैड्रियन (138 ईस्वी) तक के सभी रोमन सम्राटों की उपाधि रही। गोयस जूलियस सीजर 102 तथा 100 ई.पू. के मध्य में प्राचीन रोमन अभिजात कुल में उत्पन्न हुआ था। वह वीनस देवी का वंशज होने का दावा करता था।

अपनी युवावस्था में उसको उन भीषण संघर्षों में भाग लेना पड़ा, जो सेनेट विरोधी दल तथा अनुदार दल के बीच हुए। इस गृह युद्ध (81 ई.पू.) में अनुदार दल की विजय हुई, जिसके परिणामस्वरूप सीजर देश-निष्कासन से बाल-बाल बच गया।

उसके पश्चात् कई वर्षों तक वह अधिकांशत: विदेशों में ही रहा और पश्चिमी एशिया माइनर में उत्तम सैनिक सेवाओं द्वारा प्रसिद्धि प्राप्त की। 74 ई.पू. में वह इटली वापस आ गया, ताकि सेनेट सदस्यों के अल्प-तंत्र के विरुद्ध आंदोलन में भाग ले सके।

उसको विभिन्न पदों पर कार्य करना पड़ा। त्योहारों के आयुक्त के रूप में प्रचुर धन व्यय करके उसने नगर के जन-साधारण में लोकप्रियता प्राप्त कर ली। 61 ई.पू. में दक्षिणी स्पेन के गवर्नर के रूप में सीजर ने प्रथम सैनिक पद सुशोभित किया, परंतु उसने शीघ्र ही इससे त्यागपत्र दे दिया, ताकि पांपे की अपनी विजयी सेना सहित लौटने पर रोम में उत्पन्न राजनीतिक

स्थिति में भाग ले सके।

सीजर ने क्रेसस तथा पांपे में राजनीतिक गठबंधन करवा दिया और उससे मिलकर प्रथम शासक वर्ग तैयार किया। इन तीनों ने मुख्य प्रशासकीय समस्याओं के समाधान अपने हाथ में लिये, जिनको नियमित सीनेटोरियल शासन सुलझाने में असमर्थ था। इस प्रकार सीजर कौंसल निर्वाचित हुआ और अपने पदाधिकारों का उपयोग करते हुए अपनी संयुक्त योजनाओं को कार्यान्वित करने लगा।

स्वयं अपने लिए उसने सेना के संचालन का उच्च पद प्राप्त किया, जो रोमन राजनीति में भीषण शक्ति का काम कर सकता था। वह सिसएलपाइन गॉल का गवर्नर नियुक्त किया गया। बाद में ट्रांसएलपाइन गॉल भी उसकी कमान में दे दिया गया।

गॉल में सीजर के अभियानों का परिणाम यह हुआ कि संपूर्ण फ्रांस तथा राइन नदी तक के निचले प्रदेश, जो मूल तथा संस्कृति के स्रोत के विचार से इटली से कम महत्त्वपूर्ण नहीं थे, रोमन साम्राज्य के आधिपत्य में आ गए। जर्मनी तथा बेल्जियम के बहुत से कबीलों पर उसने कई विजय प्राप्त कीं और गॉल के रक्षक का कार्यभार ग्रहण किया।

अपने प्रांत की सीमा के पार के दूरस्थ स्थान भी उसकी कमान में आ गए। 55 ई.पू. में उसने इंग्लैंड के दक्षिण-पूर्व में पर्यवेक्षण के लिए अभियान किया। दूसरे वर्ष उसने यह अभियान और भी बड़े स्तर पर संचालित किया, जिसके फलस्वरूप वह टेम्स नदी के बहाव की ओर के प्रदेशों तक में घुस गया और अधिकांश कबीलों के सरदारों ने औपचारिक रूप से उसकी अधीनता स्वीकार कर ली।

हालाँकि वह भली प्रकार समझ गया था कि रोमन गॉल की सुरक्षा के लिए ब्रिटेन पर स्थायी अधिकार प्राप्त करना आवश्यक है, तथापि गॉल में विषम स्थिति उत्पन्न हो जाने के कारण वह ऐसा करने में असमर्थ रहा। गॉल के लोगों ने अपने विजेता के विरुद्ध विद्रोह कर दिया था; किंतु 50 ई.पू. में ही सीजर गॉल में पूर्ण रूप से शांति स्थापित कर सका।

स्वयं सीजर के लिए गॉल के अभियानों में विगत वर्षों में दोहरा लाभ

हुआ—उसने अपनी सेना भी तैयार कर ली और अपनी शक्ति का भी अनुमान लगा लिया। इसी बीच रोम की राजनीतिक परिस्थिति विषम हो गई। रोमन उपनिवेशों को तीन बड़े कमानों में विभाजित किया जाना था, जिनके अधिकारी नाममात्र की केंद्रीय सत्ता के वास्तविक नियंत्रण से परे थे। पांपे को स्पेन के दो प्रांतों का गवर्नर नियुक्त किया गया। क्रेसस को पूर्वी सीमांत प्रांत सीरिया का गवर्नर बनाया गया। गॉल सीजर के ही कमान में रखा गया। पांपे ने अपने प्रांत स्पेन की कमान का संचालन अपने प्रतिनिधियों द्वारा किया और स्वयं रोम के निकट रहा, ताकि केंद्र की राजनीतिक स्थिति पर दृष्टि रख पाए। क्रैसस पारथिया के राज्य पर आक्रमण करते समय युद्ध में मारा गया।

पांपे तथा सीजर में एकच्छत्र सत्ता हथियाने के लिए तनाव एवं स्पर्धा के कारण युद्ध की स्थिति उत्पन्न हो गई। पांपे तथा रोमन सरकार के पास इटली में बहुत थोड़े से ही अनुभवी सैनिक थे, इसलिए उन्होंने रोम खाली कर दिया और सीजर ने राजधानी पर बिना किसी विरोध के अधिकार जमा लिया। सीजर ने शासन-सत्ता पूर्ण रूप से अपने हाथ में ले ली, परंतु पांपे से उसे अब भी खतरा था। सीजर ने पर्वतों को पार करके थेसाली में प्रवेश किया और 48 ई.पू. की ग्रीष्म ऋतु में फारसेलीस के निकट पांपे को बुरी तरह परास्त किया। पांपे मिस्र भाग गया, जहाँ पहुँचते ही उसका वध कर दिया गया।

सीजर जब एक छोटी सी सेना लेकर उसका पीछा कर रहा था, उसी समय एक नई समस्या में उलझ गया।

मिस्र के सम्राट् टॉलेमी दसवें की मृत्यु के बाद उसकी संतानों में राज्य के लिए झगड़ा चल रहा था। सीजर ने उसकी सबसे ज्येष्ठ संतान क्लियोपेट्रा का उसके भाई के विरुद्ध पक्ष लेने का निर्णय किया।

परंतु मिस्र की सेना ने उसपर आक्रमण किया और 48-47 ई.पू. के शीतकाल में सिकंदरिया के राजप्रासाद में सीजर को घेर लिया। एशिया तथा सीरिया में भरती किए गए सैनिकों की सहायता से सीजर वहाँ से निकल भागा और फिर क्लियोपेट्रा को राज्यासीन किया।

क्लियोपेट्रा ने थोड़े समय बाद उससे एक पुत्र को भी जन्म दिया।

सीजर ने तत्पश्चात् ट्यूनीशिया में पांपे की सेनाओं को पराजित किया। 45 ई.पू. के शरत्काल में वह रोम लौट आया, ताकि अपनी विजयों पर खुशियाँ मनाए और गणतंत्र के भावी प्रशासन के लिए योजनाएँ पूरी करे।

यद्यपि सीनेट की बैठक रोम में ही होती रही होगी, तथापि राजसत्ता का वास्तविक केंद्र सीजर के मुख्य आवास पर ही था। कई बार उसे 'तानाशाह' की उपाधि भी दी जा चुकी थी। अब उसने उस उपाधि को आजीवन धारण कर लेने का निश्चय किया, जिसका अर्थ वास्तव में यही था कि वह राज्य के समस्त अधिकारियों तथा संस्थाओं पर सर्वाधिकार रखे और उनका राजा कहलाए।

तानाशाह का रूप धारण करना ही सीजर की मृत्यु का कारण हुआ। एकच्छत्र राज्य की घोषणा का अर्थ गणतंत्र का अंत था और गणतंत्र के अंत होने का अर्थ था—रिपब्लिकन संभ्रांत समुदाय के आधिपत्य का अंत। इसलिए उन लोगों ने षड्यंत्र रचना आरंभ कर दिया।

षड्यंत्रकारियों का नेता मार्कस ब्रूटस बना, जो अपनी निस्स्वार्थ देशभक्ति के लिए प्रसिद्ध था। परंतु उसके अनुयायी ज्यादातर व्यक्तिगत ईर्ष्या और द्वेष से प्रेरित थे। 15 मार्च, 44 ई.पू. को जब सीनेट की बैठक चल रही थी, तब वे लोग सीजर पर टूट पड़े और उसका वध कर दिया।

□

जोस द सेन मार्टिन

(Jose de San Martin)

(सन् 1778–1850)

जोस द सेन मार्टिन को सीमोन बोलीवर के साथ दक्षिण अमेरिका की स्वतंत्रता का जनक माना जाता है।

19वीं शताब्दी के पूर्वार्द्ध में जहाँ बोलीवर वेनेजुएला और कोलंबिया में स्वतंत्रता आंदोलन के नायक के तौर पर उभरा था, वहीं सेन मार्टिन अर्जेंटीना और चिली में देशभक्त शक्तियों का अगुआ बनकर उभरा था।

दोनों ही व्यक्तियों के संघर्ष और विचारधारा में काफी अंतर था। पेरू की आजादी को लेकर जब दोनों के बींच सहमति नहीं हो पाई तो सेन मार्टिन ने अपने पद से त्यागपत्र दे दिया।

वह राजनीतिक मतभेदों के चलते बोलीवर का समर्थन नहीं कर पाया। वह स्वतंत्रता के युद्ध की जगह गृह युद्ध में अपने सैनिकों का नेतृत्व करते हुए अपनी देशभक्ति का परिचय देना चाहता था।

सेन मार्टिन का जन्म अर्जेंटीना के एक कुलीन परिवार में हुआ था। उसे शिक्षा प्राप्त करने के लिए स्पेन भेजा गया था।

सन् 1808 में वह स्पेनिश सेना में शामिल हुआ, ताकि नेपोलियन की सेना से युद्ध कर पाए। उसने कई युद्धों में भाग लेकर अपनी विशिष्ट पहचान बनाई।

इसी अवधि में अर्जेंटीना ने स्पेन के कब्जे से अपनी स्वतंत्रता की घोषणा कर दी। सेन मार्टिन देश–हित के लिए लड़ना चाहता था। उसने सेना

की नौकरी छोड़ दी और सन् 1812 में दक्षिण अमेरिका लौट आया।

अर्जेंटीना लौटने के बाद एक साल के अंदर सेन मार्टिन ने सम्राट् की समर्थक सेना के खिलाफ पहले अभियान का नेतृत्व किया।

आरंभिक सफलता मिलने के बाद भी वह स्पेन के सम्राट् के समर्थकों के क्षेत्र लोअर पेरू (वर्तमान में बोलीविया) पर बल-प्रयोग के जरिए अधिकार नहीं करना चाहता था, क्योंकि वह क्षेत्र अत्यंत दुर्गम था।

उसका मानना था कि पेरू को केवल दक्षिण की तरफ से आजाद करवाया जा सकता था। उसने इंडीज को पार कर पेरू के दक्षिणी इलाके पर कब्जा करने के लिए सैन्य अभियान की रणनीति तैयार की।

सन् 1817 में सेन मार्टिन ने 4,000 सैनिकों को साथ लेकर इंडीज को पार किया। सम्राट् समर्थक सेना से लड़ते हुए सेन मार्टिन ने जीत हासिल कर ली।

सन् 1818 में चिली को स्वतंत्र राष्ट्र घोषित कर दिया गया। इसके बाद सेन मार्टिन की सेना पेरू के अंदर घुस गई। शुरू से सेन मार्टिन बल-प्रयोग करने की जगह कूटनीतिक तरीके से अपने लक्ष्य को प्राप्त करना चाहता था, मगर जब बातचीत का कोई असर नहीं हुआ तो वह सैन्य अभियान चलाने के लिए तैयार हो गया।

इसी दौरान अर्जेंटीना के हालात प्रतिकूल होते गए। सन् 1820 में 'फेडरलिस्ट' और 'यूनिटेरियन' गुटों के बीच गृह युद्ध छिड़ गया।

स्वदेश के हालात से चिंतित होकर सेन मार्टिन ने अपने पद से त्यागपत्र दे दिया, मगर उसके त्यागपत्र को स्वीकार नहीं किया गया।

इसी अवधि में सेन मार्टिन ने पेरू को आजाद कराने और बंदरगाहों की सुरक्षा करने के लिए नौसेना का गठन करना शुरू किया।

सन् 1921 में उसने लीमा पर कब्जा करने के लिए अभियान शुरू किया। उसने लीमा पर कब्जा कर लिया और फिर सरकार का स्वरूप तय करने के लिए संसद् का सत्र बुलाया।

सेन मार्टिन गणतंत्र का समर्थन नहीं करता था, बल्कि वह एक संवैधानिक राजतंत्र के पक्ष में था।

असल में, उस समय अधिकतर प्रजा इसी तरह की सरकार की कामना करती थी, क्योंकि प्रजा को इस बात का डर था कि लातिन अमेरिका में गणतंत्र बहाल करने पर गृह युद्ध शुरू हो सकता था।

सन् 1822 में गेयाक्वील में सेन मार्टिन और बोलीवर के बीच ऐतिहासिक मुलाकात हुई, जिसमें दोनों ने पेरू की स्वतंत्रता के प्रश्न पर बातचीत की।

इस मुलाकात के बाद सेन मार्टिन ने अपने पद से त्यागपत्र दे दिया। असल में इस तरह का निर्णय वह पहले ही कर चुका था।

अर्जेंटीना में शुरू हुए गृह युद्ध से मार्टिन हतोत्साहित हो गया था। वहीं उसे यह देखकर निराशा हो रही थी कि पेरू की जनता संवाद के जरिए अपनी राजनीतिक समस्याओं का समाधान करने के लिए तैयार नहीं थी।

सेन मार्टिन को ऐसा लगने लगा था कि वह नए हालात में बोलीवर की तरह लड़ाई जारी रखने का जोश खो चुका है। उसने पहले भी त्यागपत्र की पेशकश की थी, जिसे स्वीकार नहीं किया गया था। वह एक सच्चे देशभक्त की तरह दक्षिण अमेरिका का भाग्य बदलना चाहता था।

इस मुलाकात के बाद सेन मार्टिन कुछ दिनों के लिए अर्जेंटीना गया। उसने महसूस किया कि वह गृह युद्ध में किसी भी गुट का समर्थन नहीं कर सकता था। वह आत्म-निर्वासित जीवन गुजारने के लिए फ्रांस चला गया। सन् 1850 में उसका देहांत हो गया।

□

तोकूगावा इयाशू

(Tokugawa Ieyasu)

(सन् 1543–1616)

सन् 1582 में ओडा नोबूनागा जापान के दीर्घकालीन खूनी संघर्ष को खत्म कर राष्ट्र का एकीकरण करने और दैमो (सामंतों) के विद्रोह को कुचलने में लगभग कामयाब हो गया था।

वह अपने जनरल तोयोतोमी हिदेयोशी की मदद करने के लिए आगे बढ़ रहा था, लेकिन उसे क्योटो में रोक दिया गया। ओडा कभी भी हिदेयोरी के पास पहुँच नहीं पाया। एक दूसरे जनरल अकेची मिसुहाइड ने उसकी हत्या कर दी।

हिदेयोरी, जिसे जापानी इतिहास का सर्वश्रेष्ठ सेना प्रमुख माना जाता है, ओडा की जगह सेना प्रमुख बना। निम्न वर्ग में पैदा होने के कारण उसे कभी 'शोगन' का दर्जा नहीं दिया गया।

'शोगन' का शाब्दिक अर्थ 'संचालक सेनापति' होता है, मगर वास्तव में 'शोगन' ही जापान के असली शासक होते थे। सम्राट् को ईश्वर–तुल्य माना जाता था, मगर उसके अधिकार सीमित होते थे।

सन् 1331 में सम्राट् गो–डाएगो ने शोगन से छुटकारा पाने का फैसला किया। इसी फैसले की वजह से जापान में खून–खराबे का युग शुरू हो गया।

यी सून सीन के हाथों नौसेना की हार के बाद हिदेयोरी की मौत हो गई और उसके साथ ही साम्राज्य की एकता भी बिखरकर रह गई।

हिदेयोरी ने अपने अवयस्क बेटे की तरफ से शासन करने का दायित्व

पाँच रिजेंटों को सौंपा था। रिजेंट आपस में ही लड़ने लगे। उनमें से एक तोकूगावा इयाशू था, जिसने अंतत: सत्ता अपने हाथों में ले ली।

तोकूगावा इयाशू ने जापान के तोकूगावा शोगन वंश की स्थापना की, जिसका शासन सन् 1600 से लेकर 1868 तक कायम रहा। इयाशू ने सन् 1600 में सत्ता अपने हाथ में ली थी और 1603 में उसे 'शोगन' का दर्जा मिला था। सन् 1616 में अपनी मृत्यु के समय तक वह एक सशक्त आवाज बना रहा था।

जब इयाशू ने जापान की सत्ता अपने हाथ में ली तो सामंतों ने उसे जापान के शासक के रूप में स्वीकार कर लिया, मगर एक वर्ग उसकी इस हरकत को हिदेयोशी के पुत्र तोयोतोमी हिदेयोरी के प्रति अन्यायपूर्ण मान रहा था और इयाशू के साथ लड़ने के लिए तत्पर हो उठा था।

दोनों पक्षों के बीच सेकीगहरा में युद्ध छिड़ गया, जहाँ तोयोटोमी सेना की एक टुकड़ी आकर तोकूगावा की सेना में मिल गई और फिर युद्ध का रुख ही पलट गया।

सम्राट् ने इयाशू को 'शोगन' (समुराई का सेनापति) भले ही घोषित कर दिया, मगर इयाशू जानता था कि अभी भी ऐसे कई समुराई थे, जो तोयोतोमी हिदेयोरी का समर्थन कर रहे थे और उसे ही सिंहासन का सच्चा हकदार मान रहे थे।

इयाशू ने अपनी पौत्री का विवाह हिदेयोरी के साथ भले ही करवा दिया। मगर उसने अपने पुत्र तोकूगावा हिडेटाडा को ही अपना उत्तराधिकारी घोषित किया।

तोयोतोमी एवं तोकूगावा खेमों में तनाव बढ़ता गया और इयाशू ने हिदेयोरी के निवास-स्थान ओसाका कैसल की घेराबंदी शुरू कर दी।

घेराबंदी कई दिनों तक चलती रही। जब इयाशू कैसल पर कब्जा नहीं कर पाया तो उसने सुलह करने की पेशकश रखी। उसने कैसल की सुरक्षा के लिए तैनात सैनिकों की संख्या घटाने की माँग की।

हिदेयोरी की माता इयाशू की सेना की तरफ से बरसाए गए तोप के गोलों से घबरा गई थी। उसने अपने बेटे से सुलह की शर्तें मान लेने का अनुरोध किया।

हिदेयोरी ने अपने अधिकारियों के मना करने पर भी सुलह की शर्तों को स्वीकार कर लिया।

जैसे ही सैनिकों की संख्या घटाई गई, इयाशू ने नए सिरे से आक्रमण कर दिया। उसने डेढ़ लाख सैनिकों के साथ हमला किया था, जबकि हिदेयोरी के साथ केवल 55 हजार सैनिक ही थे।

इयाशू की जीत हुई। हिदेयोरी और उसकी माता ने आत्महत्या कर ली। इयाशू ने हिदेयोरी के नवजात पुत्र को मार डाला और कैसल में आग लगा दी।

तोकूगावा इयाशू 57 साल की उम्र में जापान का अविवादित शासक बन गया और उसने शोगन के तोकूगावा वंश की नींव रखी, जिसने सन् 1603 से 1867 तक जापान पर शासन किया।

तोकूगावा वंश के शासनकाल में जापान शेष दुनिया से अलग-थलग हो गया। कुछ नियमों की शुरुआत हिदेयोरी ने कर दी थी, जिसने ईसाई मिशनरियों को देश-निकाला दे दिया था। विदेशी व्यापार को सीमित कर दिया था। समुराई के सिवा अन्य किसी के लिए शस्त्र रखने पर पाबंदी लगा दी थी।

बंदूकों का निर्माण ठप हो गया था। सन् 1616 में इयाशू बीमार हो गया और 74 वर्ष की उम्र में उसका निधन हो गया।

तोकूगावा वंश के शासकों ने विदेशी जहाजों के आगमन पर भी रोक लगा दी थी। केवल डच जहाजों को नागासाकी तक आने की इजाजत दी गई थी। सन् 1825 में शोगन की तरफ से समुराई को आदेश मिला था कि वे किसी भी विदेशी जहाज को देखते ही आग लगा दें।

□

तोगो हीहाचीरो

(Togo Heihachiro)

(सन् 1848–1934)

एक समुराई के पुत्र के रूप में तोगो हीहाचीरो का जन्म 27 जनवरी, 1848 को कोगोशिमा, जापान में हुआ।

जिले के काचीचाचो इलाके में तोगो का पालन-पोषण हुआ। उसके तीन भाई थे। उसका बचपन शांतिपूर्ण वातावरण में व्यतीत हुआ।

तोगो ने सबसे पहली सैन्य जीवन का अनुभव उस समय प्राप्त किया, जब पंद्रह साल की उम्र में वह एंग्लो-सतसुमा युद्ध में शामिल हुआ। नमामुगी घटना और चार्ल्स लेनोक्स रिचर्डसन की हत्या के परिणाम-स्वरूप वह संक्षिप्त युद्ध हुआ था।

इस संघर्ष के बाद सतसुमा के दैम्यो (शासक) ने सन् 1864 में नौसेना का गठन किया। तोगो और उसके दो भाइयों को नौसेना ने सन् 1868 में नियुक्ति मिल गई। तोगो को एक निशानेबाज और तीसरी श्रेणी के अधिकारी का दर्जा दिया गया था।

उसी महीने सम्राट् के समर्थकों और शोगुनेट की सेना के बीच बोशीन युद्ध छिड़ गया था। ब्रिटिश सेना के समर्थन में सतसुमा की नौसेना युद्ध में शामिल हो गई और युद्धपोत 'कासूगा' पर सवार तोगो भी उस युद्ध में अपनी भूमिका निभाता रहा।

ब्रिटिश सेना की जीत होने के बाद तोगो को ब्रिटेन में नौसैनिक प्रशिक्षण लेने के लिए चुन लिया गया। तोगो कई अन्य जापानी युवा अधिकारियों के

साथ सन् 1871 में ब्रिटेन रवाना हो गया। लंदन पहुँचने पर उसे अंग्रेजी बोलने और यूरोपीय शिष्टाचारों का प्रशिक्षण दिया गया।

सन् 1872 में तोगो को टेम्स नेवल कॉलेज में कैडेट के तौर पर भरती किया गया। वह एक होनहार विद्यार्थी के रूप में पहचाना गया। उसे युद्धपोत 'एच.एम.एस. वर्केस्टर' पर प्रशिक्षण दिया गया।

प्रशिक्षण पाठ्यक्रम पूरा करने के बाद उसे सन् 1875 में प्रशिक्षण पोत एच.एम.एस. हैंपशायर पर तैनात किया गया। इसी पोत पर सवार होकर उसने पूरी दुनिया का चक्कर लगाया।

यात्रा के दौरान तोगो बीमार पड़ गया और उसकी दृष्टि शक्ति कमजोर पड़ने लगी। उसने इलाज के कई तरीके आजमाए और सहन-शक्ति का परिचय देते हुए अपने साथियों से अपने दर्द को छिपाए रखा।

लंदन लौटने पर डॉक्टरों ने उसकी आँख का इलाज कर दिया और वह कैंब्रिज के रेपरेंड ए.एस. केपल में गणित का अध्ययन करने लगा। फिर उच्च अध्ययन के लिए वह ग्रीनविच के रॉयल नेवल कॉलेज में दाखिल हुआ, जहाँ उसने जापानी युद्धपोतों के निर्माण की प्रक्रिया को अपनी आँखों से देखा।

सन् 1877 में जब सतसुमा विद्रोह हुआ, तब वह अपने देश से दूर था और भारी उथल-पुथल का गवाह नहीं बन पाया था।

22 मई, 1978 को तोगो लेफ्टिनेंट बनकर जापान लौटा। उसे युद्धपोत 'कार्वेट ही' पर तैनात किया गया। जापान पहुँचने पर उसे दैनी टीबो की कमान सौंपी गई। अमागी की तरफ बढ़ते हुए सन् 1884-1885 के फ्रांस-चीन युद्ध के दौरान लोगों ने एडमिरल अमीडी कर्बेट के फ्रांसीसी बेड़े को करीब से देखा। समुद्र-तट पर पहुँचकर उसने फ्रांसीसी थलसेना का भी जायजा लिया।

तोगो को कैप्टन बनाया गया और सन् 1894 में प्रथम चीन-जापान युद्ध में उसे मोरचा सँभालना पड़ा।

25 जुलाई, 1894 को पुंगडो के युद्ध में युद्धपोत 'नानीवा' का संचालन करते हुए तोगो ने चीन के पोत कोशिंग को डुबो दिया। यह पोत ब्रिटेन का

था, जिसे चीन ने किराए पर ले रखा था। उस पोत के डुबोने से ब्रिटेन नाराज हो गया था और तोगो को पहली बार कूटनीतिक पेचीदगियों का अहसास हो गया था।

17 सितंबर को यालू के युद्ध में तोगो ने युद्धपोत 'नानीवा' का संचालन किया। सन् 1895 में युद्ध समाप्त होने पर तोगो को 'रियर एडमिरल' बना दिया गया।

युद्ध समाप्त होने के बाद तोगो ने नेवल वार कॉलेज और सासेवो नेवल कॉलेज में कमांडर के पदों पर काम किया।

सन् 1903 में जब नौसेना मंत्री यामामोटो गोनोहीयो ने तोगो को संयुक्त बेड़े का सेनाध्यक्ष बना दिया तो सभी दंग रह गए। इस नियुक्ति के साथ तोगो देश का सबसे प्रतिष्ठित नौसैनिक अधिकारी बन गया।

नौसेना मंत्री के इस निर्णय से सम्राट् मिजी खुश नहीं था। उसने मंत्री से इसके बारे में सवाल-जवाब किया।

सन् 1904 में रूस-जापान युद्ध छिड़ गया, जिसमें 8 फरवरी को तोगो ने अपने युद्धपोतों की सहायता से पोर्ट आर्थर में रूसी फौज को पराजित कर दिया।

जहाँ जापानी थलसेना ने पोर्ट आर्थर की घेराबंदी कर रखी थी, वहीं तोगो ने समुद्र में मोरचा सँभाल रखा था। जनवरी 1905 में नगर पर अधिकार कर लिया गया था। रूसी बेड़ा लड़ने के लिए आगे बढ़ता आ रहा था।

रूसी बेड़े का नेतृत्व एडमिरल जिनोवी रोजेत्सवेंस्की कर रहा था। 27 मई, 1905 को सुविमा के पास रूसी बेड़े का तोगो के बेड़े के साथ संघर्ष हुआ। उस संघर्ष में तोगो ने रूसी बेड़े को नष्ट कर दिया और पश्चिमी दुनिया में लोग उसे 'पूर्व का नेल्सन' कहकर पुकारने लगे।

सन् 1905 में युद्ध समाप्त होने पर राजा एडवर्ड सप्तम ने तोगो को 'ब्रिटिश ऑर्डर ऑफ मेरिट' का सम्मान दिया। तोगो को नौसेना प्रमुख और सुप्रीम वार काउंसिल का सदस्य बनाया गया।

तोगो का देहांत 30 मई, 1934 को 86 वर्ष की उम्र में हो गया।

□

तोघरील बेग
(Toghrïl Beg)
(सन् 990-1063)

उत्तर-पूर्वी एशिया में तुर्क कभी महाशक्ति थे। जैसाकि ब्लू तुर्क समुदाय के एक खाखान ने साइबेरिया में प्राप्त शिलालिपि में लिखा था—

"मनुष्यों की भीड़ में मेरे पूर्वज बुमीन खाखान और इशतेमी खाखान उभरे। पूरब में उन्होंने मंचूरिया के कादिर खाँ जंगल तक का इलाका जीत लिया और पश्चिम में उन्होंने ट्रासोकियाना के ईरान गेट तक का इलाका जीत लिया। इन दो बिंदुओं के बीच सारी भूमि पर ब्लू तुर्क का कब्जा हो गया। बैजारिन, सोसानियन, चीनी और अन्य भूमि पर घोड़ों की टाप सुनाई देती रही।"

यह दावा थोड़ा अतिशयोक्तिपूर्ण हो सकता है। बैजारिन पर ब्लू तुर्क ने कभी हमला नहीं किया, पर चीनी और सुसानियन व पर्सियन इलाकों पर जरूर कब्जा कर लिया था। ब्लू तुर्क लोगों ने चीन के तांग साम्राज्य को खत्म कर दिया था। ब्लू तुर्क का साम्राज्य छठी शताब्दी से लेकर आठवीं शताब्दी तक कायम रहा था, मगर महाद्वीपीय इलाके और यूरोप को उनकी शक्ति का पता 11वीं शताब्दी से पहले नहीं चल पाया था।

वुईघुर और अन्य तुर्की राज्यों के विद्रोह के चलते ब्लू तुर्क का साम्राज्य नष्ट हो गया और साम्राज्य के लोग भाड़े के सैनिक के तौर पर काम करने लगे। ऐसी बिखरी हुई तुर्की जातियों की संख्या 24 थी, जिन्हें सामूहिक रूप से 'ओघुज' कहा जाता था। दसवीं शताब्दी में ओघुज लोगों ने इसलाम धर्म

अपना लिया और 'तुर्कमान' कहलाने लगे।

सेलजुक (अरब सेना का एक अधिकारी) नामक एक तुर्क ने अन्य तुर्की अधिकारियों के साथ मिलकर विद्रोह कर दिया और जनजातीय नेता बन गया। उसकी जनजाति 'सेलजुक' के नाम से मशहूर हुई। सेलजुक लोगों ने केंद्रीय एशिया में मजबूती से अपने पाँव जमा लिये।

सन् 1038 में तोघरील बेग, सेलजुक का वंशज, मध्य एशिया में तुर्कों का सुलतान चुना गया। उसने अपने साम्राज्य का विस्तार करना शुरू कर दिया।

सन् 1040 तक तोघरील बेग ने खोरासान पर कब्जा कर लिया और 1042 तक सभी अरबी या पर्सियन सेना को पराजित करते हुए पर्सियन क्षेत्र पर कब्जा कर लिया।

पर्सिया और तुर्किस्तान के साथ ही उसने एक रोमन क्षेत्र आर्मेनिया को भी अपने साम्राज्य में मिला लिया। तोघरील बेग एक सामान्य सैनिक था, मगर उसने पर्सियन प्रशासनिक प्रणाली और नौकरशाही का गहराई के साथ अध्ययन किया था। उसने उन्हीं तरकीबों को आजमाकर अपने साम्राज्य को संचालित करने का प्रयास किया था।

सन् 1055 में खलीफा कैम (जो बगदाद के एक ताकतवर व्यक्ति का कैदी बना हुआ था) ने तोघरील बेग से मदद की फरियाद की। तोघरील अपनी सेना के साथ रवाना हुआ और उसने शहर पर कब्जा कर लिया।

सन् 1056 में खलीफा ने तोघरील की भतीजी से शादी कर ली और 1057 में तोघरील को 'पूर्व और पश्चिम का बादशाह' घोषित कर दिया।

कैम सुन्नी खलीफा था। एक शिया खलीफा भी था। जब तोघरील पर्सिया वापस लौटा, तब शिया खलीफा के एक अनुयायी बस्तसीरी ने बगदाद पर कब्जा कर लिया।

तोघरील तेजी से खलीफा के शहर की तरफ लौटा, जहाँ उसकी मदद करने उसका भतीजा अल्प अरलान भी फौज लेकर आ गया। उन्होंने बगदाद पर नए सिरे से कब्जा कर लिया। बस्तसीरी भाग गया, जो बाद में सन् 1062 में यूफरेट्स नदी के किनारे युद्ध में मारा गया।

रोमन सम्राट् रोमानोस अल्प अरलान की शर्तों को मानने के लिए विवश हो गया कि तुर्कों के अधिकार में आर्मेनिया और एनाटोलिया के हिस्से रहेंगे।

सुलतान ने सम्राट् को रिहा कर दिया; मगर रोमानोस के सौतेले बेटे ने सम्राट् को अंधा बना दिया और एक खाई में फेंक दिया, जहाँ कुछ दिनों बाद उसकी मौत हो गई।

साल भर के अंदर ही अल्प अरलान की हत्या कर दी गई। उसकी जगह पश्चिम का एक शासक सुलतान बना, जो 'सेलजुक इन रोम' और 'ग्रेट सेलजुक' के नाम से जाना गया।

तोघरील बेग ने अपने जीवन काल में मध्य-पूर्व के इतिहास को बदलकर रख दिया। उसने 'ग्रेट यूरेशियन स्टेप्स' के तुर्कमान योद्धाओं को एकजुट करते हुए विभिन्न जातियों का एक समूह तैयार किया।

तोघरील ने जहाँ पूर्वी ईरान पर कब्जा किया, वहीं पर्सिया और बगदाद पर भी कब्जा कर लिया।

इतिहास में तोघरील के निजी जीवन से संबंधित अधिक विवरण उपलब्ध नहीं हैं; मगर इस बात से कोई इनकार नहीं कर सकता कि उसने अपने पराक्रम से मध्य-पूर्व के राजनीतिक एवं सामाजिक परिदृश्य को बदलकर रख दिया था।

□

नेपोलियन बोनापार्ट

(Napoleon Bonaparte)

(सन् 1769-1821)

नेपोलियन बोनापार्ट एक फ्रांसीसी सैन्य अधिकारी और राजनीतिक नेता था। वह फ्रांसीसी क्रांति के बाद के चरणों के दौरान प्रमुखता से छाया रहा।

वह करीब एक दशक तक पूरे पश्चिमी और मध्य यूरोप का स्वामी रहा। नेपोलियन ने अपने सफल अभियानों, कूटनीतिक चातुर्य, संधियों और वैवाहिक संबंधों से यूरोप का नक्शा ही बदल दिया था।

उसने फ्रांस की जर्जर सेना को आधुनिक और शक्तिशाली सेना में परिवर्तित कर दिया था। फ्रांस के मेधावी और वीर सपूतों को सम्मानित करने की परंपरा की शुरुआत उसने की थी। विश्व इतिहास में उसका हस्तक्षेप अनेक परवर्ती महत्त्वपूर्ण घटनाओं का गवाह बना।

नेपोलियन का जन्म कोर्सिका, फ्रांस में 15 अगस्त, 1769 को हुआ था। उसने बीएन और पेरिस के सैन्य स्कूलों से शिक्षा प्राप्त की थी। मात्र 16 वर्ष की उम्र में ही वह फ्रांसीसी सेना में भरती हो गया था।

तूलो पर ब्रिटेन के हमले के समय वह उनके बचाव के लिए आया और अंग्रेजों को खदेड़ने तथा वहाँ से मार भगाने में सफल रहा। रॉब्सपियरे के पतन के बाद नेपोलियन बंदी बना लिया गया था। वह गिलोरिन की भेंट चढ़ गया होता, लेकिन उसका कौशल व भाग्य तथा बारास व कार्नोट नामक अधिकारियों से उसका संपर्क उस मुश्किल समय में उसके काम आया।

अपदस्थ सम्राटों के वफादारों को कुचलकर नेपोलियन डायरेक्टरों और

साथ ही अपने सफल इटली अभियान से जनता की नजरों में चढ़ गया। सन् 1799 से 1804 तक वह प्रीमियर काउंसिल की हैसियत से फ्रांस का शासक भी नियुक्त किया गया।

सन् 1804 से 1814 तक तथा 1815 में सौ दिनों के लिए वह फ्रांस का सम्राट् और इटली का राजा रहा।

अक्तूबर 1813 में लाइपजिग में पराजय के पूर्व वह करीब एक दशक तक संपूर्ण पश्चिमी व मध्य यूरोप का स्वामी बना रहा था।

नेपोलियन संपूर्ण यूरोप का एकच्छत्र शासक बनना चाहता था। उसने ब्रिटेन की महाद्वीपीय नाकेबंदी करने की भी कोशिश की और भारत पर अभियान करने के प्रयोजन में मिस्र पर आक्रमण किया तथा रूस अभियान में मॉस्को तक धावा बोला।

नेपोलियन ने अपनी प्रथम पत्नी जोसेफिन के निस्संतान रहने पर ऑस्ट्रिया के सम्राट् की पुत्री मैरी लुइस से दूसरा विवाह किया, जिससे उसे संतान प्राप्त हुई थी।

नेपोलियन बोनापार्ट एक अन्य नाम 'लिट्ल कारपोरल' के नाम से भी जाना जाता है। सन् 1800 में नेपोलियन ने बैंक ऑफ फ्रांस की स्थापना की।

नेपोलियन ने कानूनों का संग्रह तैयार करवाया, जिसे 'नेपोलियन कोड' कहा जाता है। उसने ब्रिटेन को कमजोर करने के लिए महाद्वीपीय व्यवस्था लागू की।

यूरोप में राष्ट्रीय राज्यों के निर्माण का श्रेय नेपोलियन को है। नेपोलियन ने फ्रांस की क्रांति के सिद्धांतों को अन्य देशों में पहुँचाया तथा जनसाधारण में स्वतंत्रता की भावना उत्पन्न की।

आस्टर्लीज के युद्ध में नेपोलियन की विजय हुई थी। इटली पर नेपोलियन ने अपना प्रभुत्व स्थापित किया था और उसी समय उसने अपने आपको रोम का बादशाह घोषित किया था।

25 अक्तूबर, 1806 को फ्रांसीसी सेना ने बर्लिन में प्रवेश कर प्रजा की शक्ति को पूर्णत: समाप्त कर दिया। रूस के अभियान में उसे खास सफलता नहीं मिली थी, व्यर्थ ही नर-संहार हुआ था, फिर भी उस समय तक नेपोलियन विश्व में सबसे अधिक शक्तिशाली और विशाल साम्राज्य का स्वामी बन गया।

सन् 1808 में उसने स्पेन पर आक्रमण किया; परंतु स्पेन पर आक्रमण के साथ उसके पतन का मार्ग प्रशस्त होने लगा। स्पेन पर आक्रमण को नेपोलियन ने अपना गलत निर्णय बताया। वस्तुत: नेपोलियन विश्व-विजेता बनने की इच्छा रखता था, इसलिए अति महत्त्वाकांक्षा के कारण उसने रूस के खिलाफ युद्ध की घोषणा कर दी। उसने 5 लाख सैनिकों की सेना तैयार की। इसे '20 राष्ट्रों की सेना' भी कहते हैं।

उस विशाल सेना के साथ उसने 24 जून, 1812 को प्रस्थान किया; मगर 19 अक्तूबर, 1812 को उसे असफल होकर लौटना पड़ा।

इसके बाद नेपोलियन की लिपजिंग की लड़ाई में भारी हार हुई। फिर मित्र राष्ट्रों ने फ्रांस पर आक्रमण करके उसे संधि के लिए मजबूर किया। उसे पद छोड़ना पड़ा और एल्वा द्वीप जाना पड़ा।

वहाँ से सन् 1815 में नेपोलियन भाग निकला और फ्रांस में आकर पुन: सम्राट् बन गया। किंतु सौ दिन के शासन के बाद उसे 'वाटर लू' के युद्ध में पराजय का सामना करना पड़ा।

वाटर लू की पराजय पर नेपोलियन ने कहा था, "मैंने इस मुद्‌दे में समय नष्ट किया और अब समय मुझे नष्ट कर रहा है।"

पराजय के उपरांत नेपोलियन को बंदी बना लिया गया और उसे सेंट हेलेना द्वीप भेज दिया गया।

नेपोलियन की मौत को लेकर तरह-तरह की बातें कही जाती हैं। अधिकांश इतिहासकार यह मानते हैं कि उसकी मौत पेट के कैंसर की वजह से हुई थी।

अमेरिकी वैज्ञानिकों ने व्याख्या की है कि नेपोलियन की बीमारी का जो उपचार किया गया था, उसी ने उसे मार दिया। नेपोलियन को नियमित रूप से पोटैशियम टार्टेट नामक जहरीला नमक दिया जाता था, जिससे वह उलटी कर सके और एनिमा लगाया जाता था।

इससे नेपोलियन के शरीर में पोटैशियम की कमी हो गई, जो कि हृदय के लिए घातक होती है। नेपोलियन को उसकी आँतों की सफाई के लिए 600 मिलीग्राम मरक्यूरिक क्लोराइड दिया गया और दो दिन बाद ही 52 वर्ष की अवस्था में उसकी मौत हो गई।

□

पीटर द ग्रेट

(Peter the Great)

(सन् 1672-1725)

इवान द टेरिबल पश्चिमी यूरोप तक वाणिज्यिक मार्ग तैयार करना चाहता था। मगर रूस के लिए उत्तरी समुद्र के तट पर कोई बंदरगाह उपलब्ध नहीं था। वैसा बंदरगाह हासिल करने के लिए उसने लिवोनिया पर हमला कर दिया था। (जो एक बाल्टिक प्रदेश था, जिसमें आधुनिक लातिविया और इस्तोनिया के अंश शामिल थे।)

उस हमले के चलते लंबे समय तक युद्ध छिड़ा रहा, जिसमें रूस, पोलैंड, डेनमार्क और स्वीडन लड़ते रहे। स्वीडन ने पश्चिमी यूरोप तक पहुँचने का रूस का मार्ग अवरुद्ध कर दिया। इस तरह रूस अलग-थलग पड़ गया—न तो वह एशियाई स्टेप की तुर्की-मंगोल संस्कृति से जुड़ा रह गया, न ही आधुनिक यूरोप का अंग बन पाया।

कई जारों के शासनकाल तक रूस की ऐसी ही स्थिति बनी रही। पीटर प्रथम के पैदा होने के बाद ही इस स्थिति में बदलाव आ पाया, जिसे बाद में 'पीटर द ग्रेट' कहकर पुकारा गया।

केवल 10 वर्ष की उम्र में ही पीटर प्रथम को जार के सिंहासन पर बिठाया गया। वैसे महल में अंदरूनी हलचल हो रही थी और स्ट्रेल्टसी (स्वयं को प्रोतोरियन गार्ड माननेवाले लड़ाकों का संगठन) ने विद्रोह कर दिया था। पीटर और उसके बड़े भाई इवान को संयुक्त शासक बनाया गया। जबकि पीटर की सौतेली बहन सोफिया रीजेंट के पद पर वास्तविक रूप से शासन चलाती रही।

बचपन में ही पीटर राजनीति और सैन्य मामलों में दिलचस्पी लेने लगा था। उसने अपने दोस्तों की दो बटालियनें बनाई थीं और उन्हें सैनिक की भूमिका देकर वह उनके साथ युद्ध के खेल खेलता था।

19 साल की उम्र में जब सत्ता उसके हाथों में पूरी तरह आ गई तो बचपन की दोनों बटालियनों को उसने प्रेब्राजेंस्की और सेम्योनवेस्की गार्ड रेजीमेंट के रूप में तब्दील कर दिया। वह स्ट्रेल्टसी का विकल्प तैयार करना चाहता था।

पीटर ने अपने देश का आधुनिकीकरण करना शुरू कर दिया। सैन्य शक्ति को मजबूत बनाने पर उसने विशेष रूप से ध्यान दिया। उसने पोलैंड के साथ कड़वाहट समाप्त कर मैत्री कर ली।

उसने देश की पश्चिमी सीमा को सुरक्षित बनाया और दक्षिण की तरफ अभियान शुरू किया। उसने सबसे पहली लड़ाई तुर्कों के साथ लड़ी और अजोव पर कब्जा कर लिया।

पीटर ने अपने दूतों को पश्चिमी यूरोप के सभी देशों में भेजा। उसने स्वयं एक नाविक का वेश बनाकर उन सभी देशों का भ्रमण अपने दूतों के साथ किया और आधुनिक सैन्य तकनीकों का मुआयना किया।

उसने जहाँ प्रुसिया में थलसेना से संबंधित बारीकियों का पता लगाया, वहीं नीदरलैंड और इंग्लैंड में युद्धपोतों के निर्माण की कला को सीखा।

जब पीटर विदेश में घूम रहा था, तब एक बार फिर स्ट्रेल्टसी ने विद्रोह कर दिया। पीटर तुरंत रूस लौटकर आ गया और उसने विद्रोह को कुचल दिया। उसने स्वयं कई बागी नेताओं की हत्या कर दी और संगठन को भंग कर दिया।

यूरोप की यात्रा से अर्जित किए गए ज्ञान के आधार पर पीटर ने रूस का आधुनिकीकरण शुरू कर दिया। उसने सभी रूसी पुरुषों को दाढ़ी की हजामत बनाने का आदेश दिया, जिससे शुचितावादी धार्मिक नेता क्रुद्ध हो उठे।

पीटर ने स्वयं अपने कई मंत्रियों की हजामत बनाई। इवान द टेरिबल ने मंत्रियों और सामंतों को जो विशेषधिकार दिए थे, वे पीटर के शासनकाल में समाप्त हो गए थे। पीटर की सेना में किसानों को भी सामंतों के बराबर दर्जा मिलने लगा था।

पीटर के प्रयासों से नौसेना का गठन किया गया। पीटर ने युद्ध की सामग्रियाँ तेजी से पहुँचाने के लिए सड़कों का निर्माण करवाया। उसने देश भर में नहरें खुदवाईं।

सन् 1700 में तुर्की के साथ शांति समझौता करने के बाद पीटर ने रूस को एक ऐसे युद्ध में झोंक दिया, जो 21 वर्षों तक चला। इतिहास में यह युद्ध 'ग्रेट नॉर्दर्न वार' के नाम से मशहूर हुआ। इस युद्ध में स्वीडन, डेनमार्क, पोलैंड और सेक्सोनी शामिल हुए।

स्वीडन का युवा नरेश चार्ल्स द्वादश यूरोप के श्रेष्ठ योद्धाओं में से एक माना जाता था और रणनीति तैयार करने के मामले में पीटर अधिक अनुभवी नहीं था। मगर वह हमेशा अपने प्रतिद्वंद्वी को मात दे देता था।

सन् 1721 में युद्ध समाप्त हुआ और आखिरकार रूस को बाल्टिक सागर में अपना बंदरगाह मिल गया, जिसके जरिए पश्चिमी यूरोप तक पहुँचा जा सकता था।

18वीं शताब्दी के पैमाने से देखा जाए तो पीटर द ग्रेट एक अति मानव जैसा था। वह 6 फीट 8 इंच लंबा एक आकर्षक इनसान था। वह पेशेवर सेनापतियों और एडमिरलों की सहायता से युद्ध संबंधी निर्णय लेता था; लेकिन कभी-कभी स्वयं तोप में बारूद भरता था और कीचड़ में फँसी हुई तोप को अपने हाथों से धकेलकर बाहर निकाल देता था।

सेना को आधुनिक बनाकर, नौसेना की स्थापना कर और शुचितावादी चर्च को सुधारकर पीटर द ग्रेट ने रूस को एक आधुनिक राष्ट्र बनाया। पीटर का देहांत 25 जनवरी, 1725 को हुआ था।

□

फ्रांसिस्को द अलमीडा
(Francisco de Almeida)
(सन् 1450–1510)

फ्रांसिस्को द अलमीडा एक पुर्तगाली योद्धा था। वह शालीन व्यक्ति, योद्धा और अन्वेषक था। वह पुर्तगाल के शासक जॉन द्वितीय का सलाहकार था और सन् 1492 में ग्रेनेडा के युद्ध में पुर्तगाल की तरफ से वीरतापूर्वक लड़ा था।

उसने जो युद्ध लड़ा, उसकी सबसे बड़ी उपलब्धि यह थी कि मुसलिम और ईसाई जगत् में आपेक्षिक रूप से समृद्धि का दौर उसी के बाद शुरू हुआ।

कई शताब्दियों से, मुहम्मद के जन्म से पहले से ही, अरब, अफ्रीकी और भारतीय व्यापारी हिंद महासागर को पार कर अपनी सामग्रियों का व्यापार करते रहे थे। धर्म-युद्ध के बाद के दिनों में यह व्यापार अधिक लाभदायक बन गया था, जब यूरोपीय लोग पूरब की संपदाओं से परिचित हो गए थे।

अरब और पूर्वी अफ्रीका के सौदागर समुद्र को पार कर भारत, इंडीज द्वीप और चीन तक की यात्रा करते थे। वे अपने साथ जवाहरात, मूल्यवान् धातुएँ, रेशम और मसाले लेकर लौटते थे। वे लाल सागर की यात्रा करते हुए अपना माल मिस्र में बेचते थे।

मिस्र के व्यापारी उन सामग्रियों को वेनिस, जेनेवा और अन्य नगरों के व्यापारियों को बेचते थे, जो समूचे यूरोप में ऐसी सामग्रियों का व्यापार करते

थे। इस कारोबार से मिस्र को काफी मुनाफा हासिल हो रहा था और मिस्र की समृद्धि का प्रभाव पूर्व से लेकर उत्तरी अफ्रीका तक महसूस किया जा रहा था।

सुदूर पश्चिम में पुर्तगाली (जो सात शताब्दी से अपने देश पर कब्जा जमाने वाले मुसलिम शासकों को खदेड़ चुके थे) नए साहसिक कारनामे की तलाश कर रहे थे। धीरे-धीरे पुर्तगाली नाविकों ने पश्चिमी तट से यात्रा शुरू की। वे 'केप ऑफ गुड होप' तक पहुँचे और फिर उन्होंने उत्तर की दिशा में अपनी यात्रा शुरू की। फिर उन्होंने अरब लोगों की तरह हिंद महासागर को पार किया और परंपरागत मुसलिम कारोबार में दखल देना शुरू किया।

सबकुछ शांतिपूर्ण नहीं हुआ था। मुसलिम व्यापारियों ने पुर्तगालियों पर हमला किया और भारतीय राजाओं को उनके खिलाफ भड़काया। पुर्तगाली नाविकों ने कालीकट के राजा के विरुद्ध युद्ध में कोचीन के राजा की मदद की तथा राजा पर हमला करनेवाले मुसलिम योद्धाओं को पराजित किया और उनके पोतों को नष्ट कर दिया।

वेनिस की सरकार ने मिस्र के सुलतान से अनुरोध किया कि वह एक जहाजी बेड़े को हिंद महासागर में भेजकर पुर्तगालियों की दखलंदाजी को समाप्त कर दे। इस अभियान में पूर्वी अफ्रीका, दक्षिणी अरब और भारत के मुसलिम शासक भी शामिल हुए। हिंद महासागर में शक्तिशाली लड़ाकू बेड़ा उतारने के लिए मिस्र के सुलतान ने अपने प्रतिद्वंद्वी ओटोमन साम्राज्य के सुलतान से मदद माँगी।

मुसलिम बेड़े में काफी तादाद में नौकाएँ शामिल थीं। प्रत्येक नौका के घूमे हुए भाग में दो या तीन तोपों को रखा गया था। नौकाओं पर सैकड़ों नाविक सवार थे, जो समय आने पर योद्धा बन जाते थे। उस बेड़े के साथ 1,500 नौसैनिकों को भेजा गया था। उनके पास तीर-धनुष और बंदूकें थीं। इसके अलावा, वे तलवार और भाले से भी लैस थे। उन नौकाओं से दुश्मन के जहाजों पर जलते हुए तीर फेंकने का भी इंतजाम किया गया था।

मुसलिम बेड़ा लाल सागर से रवाना होकर हिंद महासागर में पहुँच गया। वे लोग जब हिंद महासागर में पहुँचे तो आगे बढ़ने में उन्हें काफी

कठिनाइयों का सामना करना पड़ा। अशांत समुद्र में आगे बढ़ने में हलकी, निचली, संकीर्ण नौकाएँ सफल नहीं हो पा रही थीं। इसके बावजूद मिस्त्र और तुर्की के नाविकों ने सफर को जारी रखा और भारत के बंदरगाह दीव तक पहुँच गए।

भारत में पुर्तगालियों के पास एक छोटा जहाजी बेड़ा था, जिसकी कमान फ्रांसिस्को द अलमीडा को सौंपी गई थी। कोचीन में मौजूद अलमीडा को जब मुसलिम बेड़े के आगमन की सूचना मिली तो उसने अपने पुत्र मेन्योल को कुछ हलकी नौकाओं के साथ टोह लेने के लिए भेज दिया।

मुसलिम सेनापति हुसैन कुर्दी ने मेन्योल को घेर लिया और मुठभेड़ के दौरान मेन्योल मारा गया। इससे पहले कि अलमीडा अपने जहाजों को लेकर हमला कर पाता, मुसलिम अरब की तरफ लौटकर चले गए।

दो साल बाद, सन् 1509 में, वे वापस आए। उन्होंने अपनी 200 नौकाएँ फिर दीव में खड़ी कीं। इस बार अलमीडा मुकाबला करने के लिए तैयार था। उसके 17 जहाज मुसलिम नौकाओं की संख्या को देखते हुए कम थे, मगर वे मुसलिमों की नौकाओं की तुलना में अधिक मजबूत और युद्ध के लिए सुसज्जित थे।

अलमीडा के जहाजों को आते हुए देखकर हुसैन कुर्दी ने अपने बेड़े को हमले के लिए तैयार किया। नौकाओं को कतारबद्ध रखने में कठिनाई हो रही थी, मगर मुसलिम नाविक तेजी से पुर्तगाली जहाजों की तरफ बढ़ रहे थे।

मुसलिम नाविकों ने पाल को उतार दिया था और पतवार की सहायता से नौका को आगे बढ़ा रहे थे, ताकि रफ्तार को नियंत्रित रखा जा सके।

पुर्तगालियों ने शुरू में कोई हमला नहीं किया। उनके जहाजों ने मुड़कर 90 डिग्री का कोण बनाया और फिर अंधाधुंध गोलियों की बरसात शुरू कर दी।

नौकाओं को उनके नजदीक पहुँच पाने का मौका ही नहीं मिला। मुसलिमों की नौकाएँ डूबने लगीं। नौकाओं पर सवार नाविक जान बचाकर किनारे की तरफ भागने लगे, जिन्हें पकड़ लिया गया।

इंडीज के समुद्री मार्ग का नियंत्रण बाद में डच लोगों के हाथों में चला गया और फिर अंग्रेजों का उसपर नियंत्रण हो गया।

दीव में अलमीडा ने इतिहास का एक और परिवर्तन किया—युद्ध में नौकाओं के दिन लद गए। प्राग ऐतिहासिक काल से ही यूरोप के नाविक जल-युद्ध के लिए नौकाओं का प्रयोग करते रहे थे, मगर दीव में 17 जहाजों ने 200 नौकाओं को नष्ट कर दिया था। परिवर्तन स्वाभाविक था।

सन् 1503 में अलमीडा को भारत में पुर्तगाली राज्य का पहला गवर्नर और वाइसराय बनाया गया। सन् 1510 में आकस्मिक रूप से हुए हमले में केप ऑफ गुड होप में उसकी मृत्यु हो गई।

□

फ्रांसिस्को पिजारो

(Francisco Pizarro)

(सन् 1478-1541)

फ्रांसिस्को पिजारो स्पेनिश जहाजी और विजेता था। पिजारो ने वास्को नूनेज द बालबोवा के प्रशांत सागर अभियान को सफल बनाने में सहायता की और पेरू पर विजय हासिल करने के बाद उसकी राजधानी लीमा की स्थापना की।

पिजारो का जन्म सन् 1478 में स्पेन के ट्रूजिलो नामक स्थान पर हुआ। सन् 1513 में वह वास्को नूनेज द बालबोवा के दक्षिण सागर अभियान का हिस्सा बना, जिस अभियान के दौरान बालबोवा ने प्रशांत महासागर की खोज की।

सन् 1532 में पिजारो और उसके भाइयों ने पेरू पर जीत हासिल की। तीन साल बाद पिजारो ने उस देश की राजधानी लीमा की स्थापना की।

26 जून, 1541 को प्रतिद्वंद्वी अभियान दल के हमलावरों ने लीमा में पिजारो की हत्या कर दी।

पिजारो का जन्म एक अवैध संतान के रूप में हुआ था। उसका जन्म-स्थान गरीबी से घिरा हुआ था। उसका पिता कैप्टन गोंजालो पिजारो एक गरीब किसान था। वहीं उसकी माता फ्रांसिस्का गोंजालेज कुलीन परिवार से संबंध रखती थी।

पिजारो को बचपन में शिक्षा नसीब नहीं हो पाई। वह अपने पिता के सुअरों को चराया करता था।

युवा होने पर पिजारो ने जब खोजे जा रहे दुनिया के नए हिस्सों के किस्से सुने तो वह ऐसे साहसिक अभियानों में शामिल होने के लिए बेताब हो उठा।

सन् 1510 में वह स्पेनिश जहाजी अलोंजो द ओजेडा के साथ कोलंबिया के यूराबा तक समुद्री यात्रा में शामिल हुआ। हालाँकि वह अभियान असफल रहा था, मगर पिजारो का आत्मविश्वास मजबूत हो गया था।

सन् 1513 में पिजारो बालबोवा के दक्षिणी सागर अभियान में शामिल हो गया। इसी यात्रा के दौरान बालबोवा और पिजारो ने उस समुद्र की खोज की, जिसे आज प्रशांत महासागर के नाम से जाना जाता है।

हालाँकि बालबोवा ने सबसे पहले उस समुद्र की खोज करने का दावा किया और इस तरह इस समुद्र के आविष्कार का श्रेय उसे ही दिया गया।

बालबोवा के प्रतिद्वंद्वी और निरंकुश शासक पेड्रारियस के आदेश पर बाद में पिजारो ने बालबोवा को बंदी बना लिया।

इसके बाद पिजारो कुछ दिनों तक पनामा में ही रुका रहा, जहाँ उसे एक रियासत दी गई और पनामा सिटी का मेयर बनाया गया। वह अब दौलतमंद बन चुका था।

सन् 1524 में पिजारो ने जहाजी डिएगो द अलमागरो और एक पादरी फर्नांडो द लुक के साथ समुद्री अभियान पर निकलने का निश्चय किया। पहले वे सेन जुआन नदी तक पहुँचे, फिर पिजारो ने दक्षिण की तरफ यात्रा जारी रखी।

पिजारो का प्रमुख नाविक बर्टोलोम रूज इक्वेटर के दूसरे हिस्से तक गया और उसने लौटकर नए इलाकों की जानकारी दी।

सन् 1528 में पिजारो स्पेन वापस लौटा और सम्राट् चार्ल्स पंचम से शाही आज्ञा प्राप्त करने में सफल हुआ।

इस शाही आदेश के तहत पिजारो को दक्षिणी क्षेत्र पर कब्जा करना था और वहाँ एक नया स्पेनिश प्रांत बसाना था।

सन् 1532 में पिजारो ने अपने भाइयों की सहायता से इंका नेता अटाहुआलपा को पराजित कर दिया और पेरू पर कब्जा कर लिया। तीन·

साल बाद उसने पेरू की राजधानी लीमा की स्थापना की।

डिएगो द अलमागरो के साथ पिजारो के संबंधों में कड़वाहट बढ़ने लगी थी। जब पिजारो सन् 1528 में शाही आज्ञा प्राप्त करने के लिए स्पेन गया था तो उसने जीते जानेवाले सभी इलाकों के लिए गवर्नर पद और शाही पदवी का सौदा सम्राट् से कर लिया था।

दूसरी तरफ अलमागरो के लिए एक मामूली पदवी के अलावा एक छोटे नगर तुंबेज के गवर्नर का पद स्वीकृत किया गया था। अलमागरो इस बात से खफा था और वह अगले अभियानों में शामिल होने से इनकार कर रहा था।

पिजारो ने उसे खोजे जानेवाले इलाके का गवर्नर बनाने का आश्वासन दिया, तब वह अभियान में शामिल होने के लिए तैयार हुआ।

इसके बावजूद दोनों के बीच मतभेद और शत्रुता की दीवार चौड़ी होती चली गई।

कुजको पर कब्जा करने के बाद अलमागरो ने लॉस सालीनास नामक स्थान पर पिजारो और उसके भाइयों के साथ युद्ध किया। युद्ध में पिजारो बंधुओं की जीत हुई। अलमागरो को पकड़कर मार डाला गया।

26 जून, 1541 को अलमागरो के साथियों ने लीमा में पिजारो की हत्या कर दी।

□

बेंडिक्ट अर्नोल्ड

(Benedict Arnold)

(सन् 1741-1801)

बेंडिक्ट अर्नोल्ड अमेरिकी रेवोल्यूशनरी युद्ध का एक जनरल था, जो सन् 1780 के संघर्ष के दौरान कांटीनेंटल सेना को छोड़कर ब्रिटिश सेना में शामिल होने की वजह से जाना जाता है।

अर्नोल्ड का जन्म 14 जनवरी, 1741 को कनेक्टीकट के नार्विच में हुआ। अर्नोल्ड का पिता एक सफल व्यवसायी था, जो अपने पुत्र को उच्च शिक्षा प्रदान करना चाहता था।

काले ज्वर की वजह से तीन संतानों की मौत हो जाने पर अर्नोल्ड का पिता मदिरापान करने लगा था और व्यवसाय में उसे काफी नुकसान का सामना करना पड़ रहा था। अत: अर्नोल्ड को स्कूल की पढ़ाई बीच में ही छोड़नी पड़ी।

सन् 1757 में अर्नोल्ड सेना में शामिल हो गया और फ्रेंच सेना से लड़ने के लिए न्यूयॉर्क पहुँच गया। दो साल बाद माता का देहांत हो जाने के कारण अर्नोल्ड को अपने पिता और बहन के भरण-पोषण की जिम्मेदारी उठानी पड़ी। उसके पिता को सन् 1761 में मृत्यु से पहले अत्यधिक शराबखोरी के चलते कई बार गिरफ्तार किया गया था।

अर्नोल्ड न्यू हेवन में बस गया और दवा एवं पुस्तक विक्रेता का कार्य करने लगा। सन् 1764 में उसने एक व्यापारी एडम बेबकॉक के साथ साझेदारी की। दोनों ने मिलकर तीन वाणिज्यिक जहाज खरीदे और वेस्टइंडीज के

साथ कारोबारी संबंध स्थापित किए।

सन् 1764 में बनाए गए सम्राट् ऐक्ट और 1765 में बनाए गए स्टैंप ऐक्ट की वजह से उपनिवेशों में व्यवसाय करने पर पाबंदी लगा दी गई।

अर्नोल्ड एक भूमिगत संगठन 'सन्स ऑफ लिबर्टी' में शामिल हो गया। वह संगठन संसदीय प्रस्तावों के जन-विरोधी प्रावधानों के कार्यान्वयन का विरोध कर रहा था।

एक मुखबिर से सूचना मिल जाने पर अर्नोल्ड को पकड़ लिया गया और नियम तोड़ने के आरोप में उस पर जुर्माना लगाया गया।

सन् 1767 में अर्नोल्ड ने मारग्रेट मेन्सफील्ड से विवाह किया। वह न्यू हेवन के शेरिफ की बेटी थी। अगले पाँच वर्षों में मारग्रेट तीन पुत्रों की माँ बनी।

जब रिवोल्यूशनरी युद्ध शुरू हुआ तो अर्नोल्ड उसमें कैप्टन के रूप में शामिल हुआ। कुछ दिनों बाद लेक्जींगटर और कॉनकोर्ड में संघर्ष होने के बाद उसकी कंपनी उत्तर-पूर्व में बोस्टन की तरफ बढ़ती गई। अर्नोल्ड की अगुवाई में टाइकोनडेरोगा के न्यूयॉर्क फोर्ट पर कब्जा कर लिया गया।

युद्ध के बाद घर लौटने पर अर्नोल्ड को पता चला कि उसी महीने के पूर्वार्द्ध में उसकी पत्नी का देहांत हो चुका था।

अर्नोल्ड ने क्यूबेक पर आक्रमण करने की योजना बनाई। जब कांटीनेंटल कांग्रेस ने उसे आरंभिक अभियानों से बाहर रखा, तब उसने जॉर्ज वाशिंगटन से दूसरे अभियान का संचालन करने की इजाजत ले ली, जिस अभियान पर वह दुर्गम रास्ते से जाना चाहता था।

सैन्य सफलताओं के साथ-साथ अर्नोल्ड ने अपने नेतृत्व के गुणों को भी साबित कर दिखाया था। वह लड़ाई के मैदान में वीरतापूर्वक लड़ता रहा था। खासतौर पर सारोटोगा के युद्ध में उसने अद्‌भुत शौर्य का प्रदर्शन किया था।

इसके बावजूद उसके कई दुश्मन बन गए थे। उसपर अकसर भ्रष्टाचार के आरोप लगाए जाते थे। एक बार वित्त के दुरुपयोग के आरोप में उसे कोर्ट मार्शल का भी सामना करना पड़ा था।

सन् 1778 के वसंत में जब ब्रिटिश सेना फिलाडेल्फिया से बाहर निकल गई, तब जॉर्ज वाशिंगटन ने अर्नोल्ड को शहर का सैन्य कमांडर नियुक्त किया।

वहीं अर्नोल्ड की मुलाकात पेगी शिपेन से हुई, जिससे उसने शादी कर ली। पेगी का पिता ब्रिटिश सरकार के प्रति सहानुभूति रखता था। ब्रिटिश आधिपत्य के दिनों में पेगी का परिचय ब्रिटिश मेजर जॉन एंडे से हुआ था और वह ब्रिटिश सैनिकों के साथ गुप्त रूप से संवाद का आदान-प्रदान करना सीख गई थी।

पेगी को मध्यस्थ बनाकर अर्नोल्ड और जॉन एंडे के बीच पत्र-व्यवहार शुरू हो गया। अगले गरमी के मौसम में अर्नोल्ड ब्रिटिश सेना को अपनी सेना की स्थिति और आपूर्ति व्यवस्था का विवरण पहुँचाने लगा।

जब अगस्त 1780 में अर्नोल्ड को वेस्ट पॉइंट की कमान सौंपी गई तो उसके पास अधिक संवेदनशील सूचनाएँ पहुँचने लगीं।

उसने फोर्ट के बचाव के पहलू को कमजोर करना शुरू कर दिया। वह मरम्मत और रख-रखाव को नजरअंदाज करने लगा। इसी अवधि में अर्नोल्ड ने अपनी संपत्ति को कनेक्टीकट से इंग्लैंड स्थानांतरित करना शुरू कर दिया।

इसी दौरान एंडे को गिरफ्तार कर लिया गया और इसके साथ ही अर्नोल्ड की गद्दारी की जानकारी जॉर्ज वाशिंगटन को मिल गई। एंडे को 2 अक्तूबर को न्यूयॉर्क में फाँसी पर लटका दिया गया।

अर्नोल्ड भागकर इंग्लैंड पहुँच गया और खुलकर ब्रिटिश सेना की तरफ से युद्ध में भाग लेने लगा।

जब ब्रिटिश सेना ने न्यूयॉर्क में समर्पण कर दिया, उसके बाद अर्नोल्ड अपने परिवार को इंग्लैंड बुलाने में सफल हो गया। अर्नोल्ड ने वेस्टइंडीज के साथ व्यवसाय करना शुरू कर दिया।

जनवरी 1801 में अर्नोल्ड बीमार पड़ गया और 14 जून, 1801 को 60 वर्ष की उम्र में उसका देहांत हो गया।

□

माओत्से-तुंग
(Mao Tse-tung)
(सन् 1893–1976)

बीसवीं शताब्दी के आरंभ में भूख, बेकारी, भ्रष्टाचार और अव्यवस्था से बिखराव के कगार पर खड़े चीन और बीसवीं शताब्दी के अंत में साम्यवाद का लाल परचम थामे विकसित, एकीकृत और आत्मनिर्भर गणराज्य के रूप में मौजूद चीन के बीच में यदि कोई एक सफल व्यक्ति खड़ा रहा तो वह था माओत्से–तुंग।

उन्नीसवीं शताब्दी के अंतिम दशक में 26 दिसंबर, 1893 को जब एक किसान परिवार में माओत्से–तुंग का जन्म हुआ, तब चीन पर 2,000 वर्षों से भी अधिक पुराने सामंती राजतंत्र का शासन था।

खेती का काम देखने के अलावा माओ को अपने स्कूल जाने के लिए रोज 20 किलोमीटर पैदल चलना पड़ता था।

शायद इसी पैदल यात्रा ने माओ को क्विंग राजतंत्र के अत्याचारों और बिखराव के कगार पर खड़े चीन की वास्तविकताओं से परिचित करवाया। इसी पैदल यात्रा ने शायद आगे चलकर ऐतिहासिक 'लॉन्ग वॉक टू फ्रीडम' (स्वतंत्रता के लिए लंबी यात्रा) का स्वरूप ले लिया।

सन् 1911 में चीन के महान् क्रांतिकारी अग्रदूत डॉ. सन यान सन की रहनुमाई में हुई क्रांति से चीन में राजतंत्र का तख्ता पलट गया। इसका माओ के जीवन पर गहरा प्रभाव पड़ा। इस तख्तापलट के बावजूद एक देश के रूप में चीन की दिशाहीनता ने माओ को व्यथित कर दिया।

सन् 1921 में गठित हुई चीनी कम्युनिस्ट पार्टी से शुरुआत से ही जुड़ने के बाद माओ को उसमें महत्त्व इसलिए मिला, क्योंकि सन् 1924 से 1928 के बीच उसने पार्टी में संकीर्णतावाद और विलयवाद के बीच के दो भटकावों को वक्त पर पहचाना और पार्टी को सही राह दिखाई।

हालाँकि यह विरोधाभास है, लेकिन 'सत्ता बंदूक की नली से ही निकलती है' कहने और माननेवाला माओ कवि भी था। चीन पर साम्यवाद जैसे समतामूलक सिद्धांत की लाल चादर बिछाने के लिए कई मासूमों के रक्त का इस्तेमाल हुआ है।

लेकिन इस सबके बावजूद कवि हृदय माओ ने देश की संवेदनाओं को समझकर 'भूमि सुधार' और सहकारी समितियों के उन्नत स्वरूप 'पीपुल्स कम्यून' जैसी महत्त्वपूर्ण परियोजनाएँ चलाईं।

केवल छह साल में संपूर्ण साम्यवाद लाने के उद्देश्य से स्थापित कानूनों में उद्योग, कृषि, वाणिज्य, शिक्षा और सेना जैसे विविध विषयों को समेटकर एक सामुदायिक स्वरूप बुना गया था। बाद में इन कानूनों की काफी आलोचना हुई थी।

माओ ने चूहे, खटमल, मक्खी और मच्छरों को देश की कृषि का सबसे बड़ा दुश्मन मानकर उनके खिलाफ व्यापक जनांदोलन चलाया।

साम्यवाद और सैन्य संचालन पर माओ के विचारों का संकलन 'लिटिल रेड बुक ऑफ कोटेकांस' या 'लाल किताब' उस दौर के युवा क्रांतिकारियों की 'गीता' और बाइबिल थी।

माओ को तैरना बहुत पसंद था। जब जहाँ और जितना मौका मिलता, वह तैरता। एक बार उसने अपने साथी तैराकों से कहा था, ''तैरते वक्त अगर डूबने के बारे में सोचोगे तो डूब जाओगे, नहीं सोचोगे तो तैरते रहोगे।''

तैरते रहने की इसी अदम्य इच्छा-शक्ति ने माओ को सैन्य विद्रोहों, पश्चिम के दुष्प्रचार, चीन के भू-स्वामियों के विरोध, च्यांग काई शेक, जापानी आक्रमण, अमेरिका और रूस जैसी चुनौतियों के भँवर में डूबने नहीं दिया।

यह विडंबना ही है कि मार्क्सवाद से प्रभावित होकर चीन में समाजवाद

लानेवाला और व्यक्तिवाद का अंत करके सत्ता तक पहुँचनेवाला माओ अंत में जाकर स्वयं व्यक्तिवाद का शिकार हो गया।

माओ ने केवल चीनी जनता को ही नहीं, बल्कि पूरी दुनिया के उपनिवेशों की जनता को मुक्ति का नया रास्ता दिखाया। माओ के क्रांतिकारी प्रयोगों के दौरान मेहनतकश जनता की पहलकदमी और सर्जनात्मकता जितने बड़े पैमाने पर जाग्रत् हुई और दुनिया को उलट-पुलट देने की जितनी अधिक शक्ति उसके हाथों में आ गई, वैसा पहले कभी भी नहीं हुआ था।

नई जनवादी क्रांति के दौरान चीनी जनता का नेतृत्व करते हुए, आधुनिक संशोधनवाद के विरुद्ध विश्वव्यापी संघर्ष की रहनुमाई करते हुए और सर्वहारा अधिनायकत्व के अंतर्गत क्रांति को जारी रखने के सिद्धांत, रास्ते एवं रूप की खोज करते हुए माओ ने दर्शन, राजनीति और वैज्ञानिक समाजवाद की वैज्ञानिक समझ को सर्वतोमुखी समृद्धि प्रदान की।

सन् 1921 से 1949 तक माओ ने व्यवहार सिद्धांत—व्यवहार की प्रक्रिया में जनता की जनवादी क्रांति का सिद्धांत प्रतिपादित करके और रणनीति एवं रण-कौशल विकसित करके क्रांति के रास्ते पर चीनी जनता का नेतृत्व किया और एक पिछड़े किसानी समाज के सर्वहारा वर्ग को अहसास दिलाया कि उसकी अपार संगठित ताकत के सामने कोई भी निरंकुश सामाजिक व्यवस्था टिक नहीं सकती।

सन् 1921 से 1949 तक चीन में साम्राज्यवाद और सामंतवाद के विरुद्ध क्रांतिकारी संघर्ष में कम्युनिस्ट पार्टी का नेतृत्व करते हुए माओ ने मार्क्सवाद को कई मायने में आगे विकसित किया। चीन की विशिष्ट परिस्थितियों और औपनिवेशिक देशों की आम परिस्थिति में माओ ने सर्वहारा वर्ग की अगुवाई और उसकी पार्टी के नेतृत्व में जनवादी क्रांति संपन्न करके समाजवाद की दिशा में आगे बढ़ने की राह बताई।

जनता पर अटूट और निरपवाद भरोसा रखने की क्रांतिकारी जनदिशा को माओ ने सन् 1921 से 1976 तक निरंतर लागू किया और सर्वहारा सांस्कृतिक क्रांति के दौरान उसे नई ऊँचाइयों तक पहुँचा दिया। उसका कहना था, "जनता और केवल जनता ही दुनिया के इतिहास का निर्माण

करनेवाली प्रेरक शक्ति होती है।"

सर्वहारा सांस्कृतिक क्रांति के महान् सामाजिक प्रयोग का नेतृत्व कर रहे माओ ने मेहनतकश जनता की अपार शक्ति को निर्बंध करने का आह्वान करते हुए वर्ग समाज में चलनेवाले सतत वर्ग-संघर्ष को नई ऊँचाइयों पर पहुँचाया।

सर्वहारा सांस्कृतिक क्रांति के दौरान मानव इतिहास में पहली बार पूरी दुनिया ने व्यापक जनता को व्यावहारिक रूप से राजनीतिक निर्णयों में शामिल होते हुए और समाज में मौजूद हर चीज को मनुष्य की आवश्यकता के अनुरूप ढलते हुए देखा।

□

मुहम्मद

(Abu al-Qasim Muhammad)

(सन् 570–632)

सन् 603 में पर्सिया के चोसरोएस (जिसे उसकी प्रजा 'विजेता चोसरोएस' कहकर पुकारती थी) ने पूरब के रोमन साम्राज्य के साथ युद्ध की शुरुआत की। यह युद्ध 20 साल से भी अधिक समय तक चलता रहा।

चोसरोएस ने जेरूशलम पर कब्जा कर लिया। काफी लोगों की हत्या कर दी और बचे हुए लोगों को गुलाम बना लिया। वह अब कंस्टेनटीनोपल पर हमला करना चाहता था, तभी एक नए सम्राट् हरक्यूलस ने उसे चुनौती दी।

हरक्यूलस ने पुराने सम्राट् को शिकस्त दी और अपनी सेना के साथ पर्सिया के अंदर तक चला गया। रोमन साम्राज्य की विजय के साथ युद्ध समाप्त हुआ, मगर दोनों ही साम्राज्य युद्ध की वजह से कमजोर हो गए। सन् 628 में युद्ध समाप्त हुआ और उसी समय हरक्यूलस के पास अरब मरुस्थल से एक संदेश पहुँचा, जिसमें उससे एकमात्र सच्चे ईश्वर के आदेश का पालन करने की बात कही गई थी। उस दौरान हरक्यूलस इतना परेशान था कि उसे अरब के घटनाक्रम की तरफ गौर करने की फुरसत नहीं मिल पाई थी। संदेश में कहा गया था कि ईश्वर ने मुहम्मद नामक एक पैगंबर को अपना संदेश भेजने का जरिया बनाया है।

रोमन–पर्सियन युद्ध के दौरान एक अरब व्यापारी मक्का में रूढ़ियों के खिलाफ आम लोगों को जागरूक बना रहा था। शराब पीना गलत है, उसने

कहा। इसी तरह कन्या शिशु की हत्या करना भी पाप है। काबा में मूर्तियों की उपासना करना भी गलत है। मक्का के छोटे मंदिर में स्थित एक काली प्रतिमा को अरब के लोग ईश्वर का उपहार समझते थे। 'ईश्वर केवल एक है', मुहम्मद ने कहा 'और वह इनसान की बनाई मूर्तियों के अंदर नहीं रहता।'

युवावस्था में मुहम्मद को 'अल-अमीन' कहकर पुकारा जाता था, अरबी में जिसका अर्थ 'वफादार और भरोसेमंद' होता है। उन्हें अकसर पड़ोसियों और मित्रों के विवादों को दूर करने के लिए मध्यस्थ की भूमिका निभानी पड़ती थी।

जैसे-जैसे मुहम्मद बड़े होते गए, अकसर मक्का के बाहर एक गुफा में ध्यान लगाने के लिए जाने लगे। सन् 610 में 40 वर्ष की उम्र में उन्होंने बताया कि गुफा में देवदूत गेब्रियल ने उनको दर्शन दिया और ईश्वर का संदेश पढ़कर सुनाया।

यह संदेश पाठ अगले 23 साल तक, यानी उनके देहांत तक, चलता रहा। ईश्वर के उन संदेशों के संकलन को ही 'कुरान' कहकर पुकारा जाता है।

मुहम्मद की पत्नी ने सबसे पहले उनके पैगंबर होने पर यकीन किया। फिर जल्द ही उनके परिवार के सभी सदस्यों को यकीन हो गया कि समाज में प्रचलित धार्मिक कर्मकांडों को दूर करने के लिए ईश्वर ने मुहम्मद को अपना प्रतिनिधि बनाया था।

सन् 613 में मुहम्मद मक्का की जनता को उपदेश के जरिए ईश्वर का संदेश देने लगे।

सदियों से तीर्थयात्री काबा की मूर्तियों की उपासना करने के लिए मक्का आते थे, जिससे मक्का के व्यापारियों को लाभ होता था। शराब की लत और कन्या की हत्या के विरोध में मुहम्मद के उपदेश को वे बरदाश्त कर सकते थे, मगर मूर्ति-पूजा को वे बंद नहीं करना चाहते थे, क्योंकि इसी के जरिए नगर के लोग उपार्जन कर पा रहे थे।

सन् 622 में मुहम्मद को मक्का से निष्कासित कर दिया गया। उन्होंने

पाथरीब (आधुनिक मदीना) की यात्रा की। उस नगर के निवासी यहूदी, जो मुहम्मद के उपदेशों से अत्यंत प्रभावित हुए थे, उन्होंने नगर का नाम बदलकर 'मदीनात अन नबी' (पैगंबर का नगर) रख दिया। मुहम्मद ने काफी शिष्यों को प्रेरित किया।

मुहम्मद के उपदेशों से खानाबदोश बेदुइन लोग काफी प्रभावित हुए। अभावों में जीनेवाले उन लोगों ने उपदेश के सार को अपने जीवन के अनुकूल पाया। मेजबानी को धार्मिक कर्तव्य बताया गया। कोई नहीं जानता कि कब किसी अजनबी की दया का मोहताज बनना पड़ा सकता है। मुहम्मद की युद्ध-प्रणाली भी उन्हें पसंद आई।

मुहम्मद ने मक्का के साथ युद्ध करने का निर्णय लिया, क्योंकि वहाँ के नागरिकों ने उनको निष्काषित कर साबित कर दिया था कि वे लोग ईश्वर के विरोधी थे।

इसके अलावा मुहम्मद और उनके अनुयायियों ने जब मक्का छोड़ा था, तब उनकी सारी संपत्ति हड़प ली गई थी। अपनी संपत्ति की वापसी के लिए युद्ध लड़ना मुहम्मद जरूरी मानते थे।

मक्का एक समृद्ध और ताकतवर नगर था, मगर उसकी समृद्धि बाहर से आने वाले व्यापारियों पर निर्भर करती थी। मुहम्मद ने मक्का की तरफ बढ़ रहे व्यापारियों पर अपनी सेना के जरिए आक्रमण कर दिया।

कई वर्षों के अभियान के बाद मुहम्मद ने सभी बेदुइन जनजातियों को एकजुट किया, मक्का पर जीत हासिल की और समूचे दक्षिणी अरब को अपना अनुयायी बनाया। उन्होंने मक्का को अपनी राजधानी बनाया और अपने समुदाय कुर्श के लोगों को महत्त्वपूर्ण पदों पर बिठाया। मुहम्मद ने ऐलान किया कि काबा का पत्थर मक्का के लोगों को देवदूत गेब्रियल की तरफ से दिया गया उपहार है।

मुहम्मद महान् संगठक थे। उनके नेतृत्व में इतिहास में पहली बार अरब के सभी समुदाय एकजुट हो गए थे।

समुदायों को एकजुट रखने का एक कारण युद्ध भी था। मुहम्मद की विदेश नीति का मूल सार यही था कि जो ईश्वर पर आस्था रखने से इनकार

करे, उस देश पर आक्रमण कर देना चाहिए।

अरब का एकत्रीकरण करने के बाद मुहम्मद रोमन साम्राज्य पर अधिकार करना चाहते थे। उनके अनुयायी जहाँ मक्का को (मुहम्मद का जन्म-स्थान) पवित्रतम स्थान मानते थे, वहीं मुहम्मद स्वयं रोमन नगर जेरूशलम को सबसे पवित्र नगर मानते थे।

एक सामान्य व्यापारी के रूप में जीवन-यात्रा आरंभ करनेवाले मुहम्मद ने इतिहास का एक महानतम धार्मिक आंदोलन शुरू किया। सन् 632 में वे काफी अस्वस्थ हो गए और 8 जून को 63 वर्ष की आयु में मदीना में उनका देहावसान हो गया।

□

मैथ्यू बी. रिगवे

(Matthew B. Ridgway)

(सन् 1895–1993)

मैथ्यू बंकर रिगवे का जन्म 3 मार्च, 1895 को अमेरिका के फोर्ट मोनरो में हुआ। रिगवे के पिता का नाम कर्नल थॉमस रिगवे और माता का नाम रूथ बेकर रिगवे था।

बोस्टन के इंग्लिश हाई स्कूल से ग्रेजुएशन की पढ़ाई करने के बाद रिगवे ने सन् 1912 में एम.ए. की पढ़ाई पूरी की और फिर पिता के पद-चिह्नों पर चलने का फैसला किया।

सेना में भरती होने पर रिगवे को सेकेंड लेफ्टिनेंट बनाया गया। जल्द ही उसे फर्स्ट लेफ्टिनेंट बनाया गया और फिर प्रथम विश्व युद्ध में अमेरिका के शामिल होने पर उसे अस्थायी तौर पर कैप्टन बनाकर ईगल पास भेजा गया।

कुछ समय तक रिगवे ने एक इन्फैंट्री कंपनी का संचालन किया। फिर उसे सन् 1918 में स्पेनिश पढ़ाने के लिए वेस्ट पॉइंट वापस भेज दिया गया। रिगवे युद्धक्षेत्र में काम करना चाहता था और भविष्य में ऊँचे पद पर पहुँचने के लिए वह युद्ध में भागीदारी को जरूरी समझता था।

युद्ध के बाद के वर्षों में रिगवे को शांतिकाल के सामान्य कार्यों से जोड़ा गया और सन् 1924 में उसका चुनाव इन्फैंट्री स्कूल के लिए किया गया।

सैन्य संचालन का प्रशिक्षण प्राप्त करने के बाद उसे चीन में 15वीं

इन्फैंट्री रेजीमेंट का संचालन करने के लिए भेजा गया। स्पेनिश में दक्ष होने के कारण सन् 1927 में उसे निकारागुआ के एक अभियान में शामिल होने का मौका दिया गया। वहाँ उसने निष्पक्ष चुनाव करवाने में सहायता की।

तीन साल बाद रिगवे को फिलीपींस के गवर्नर जनरल का सैन्य सलाहकार नियुक्त किया गया। जब इस पद पर थियोजोर रूजवेल्ट जूनियर को नियुक्त किया गया तो रिगवे को फोर्ट लेवेनवर्थ के जनरल स्टाफ स्कूल का संचालक बना दिया गया। फिर रिगवे ने दो वर्षों तक आर्मी वार कॉलेज का संचालन किया।

सन् 1937 में रिगवे को सेकेंड आर्मी का डिप्टी चीफ ऑफ स्टाफ बनाया गया और फिर फोर्थ आर्मी का असिस्टेंट चीफ ऑफ स्टाफ बनाया गया। इन पदों पर रिगवे ने जिस दक्षता का प्रदर्शन किया, उससे जनरल जॉर्ज मार्शल काफी प्रभावित हुआ। जनरल ने रिगवे को सितंबर 1939 में 'वार प्लान डिवीजन' में स्थानांतरित कर दिया।

दिसंबर 1941 में अमेरिका भी द्वितीय विश्व-युद्ध में शामिल हो गया। इसके साथ ही रिगवे को महत्त्वपूर्ण जिम्मेदारियाँ सौंपी गईं। उसे जनवरी 1942 में ब्रिगेडियर जनरल बनाया गया, फिर 82वें इन्फैंट्री डिवीजन की कमान सौंपी गई। उसकी देख-रेख में ही इस डिवीजन को अमेरिका के प्रथम विमान-वाहित दस्ते के रूप में रूपांतरित किया गया।

जुलाई 1983 में रिगवे की अगुवाई में विमान-वाहित दस्ते ने युद्धक्षेत्र में पहला अभियान चलाया, जिसमें कई सैनिक मारे गए। इस असफलता के बाद दस्ते को नए सिरे से संगठित किया गया और प्रशिक्षण दिया गया।

82वाँ डिवीजन मित्र देशों के तीन विमान-वाहित डिवीजनों में से एक था, जो 6 जून, 1944 की रात नॉर्मंडी पहुँचा था। दिसंबर 1944 में रिगवे के नेतृत्व में उसके विमान-वाहित दस्ते को तब बड़ी सफलता मिली थी जब जर्मन सेना को पीछे हटने के लिए मजबूर होना पड़ा था।

सन् 1949 में रिगवे को डिप्टी चीफ ऑफ स्टाफ नियुक्त किया गया। जून 1950 में कोरियाई युद्ध की शुरुआत हुई। कोरिया में जनरल वाल्टन वाकर जब मारा गया तो उसके स्थान पर आठवीं सैनिक टुकड़ी का नेतृत्व

करने के लिए दिसंबर 1950 में रिगवे को कोरिया भेजा गया।

अमेरिका के कमांडर मैकार्थर से रिगवे की मुलाकात हुई। रिगवे को आठवीं सैनिक टुकड़ी का नेतृत्व मिला। साथ ही उसे अपनी मरजी से अभियान चलाने की आजादी भी मिली।

रिगवे ने कोरिया पहुँचकर पाया कि आक्रामक चीनी सेना के हमलों की वजह से आठवीं सैनिक टुकड़ी का मनोबल टूट चुका था। स्वयं एक आक्रामक सैन्य नायक होने के नाते रिगवे ने अपने सैनिकों के खोए हुए आत्मविश्वास को लौटाने की कोशिश शुरू कर दी।

उसने हताश व पलायनवादी सैनिकों को निकालना शुरू कर दिया और आक्रामक तथा जोशीले सैनिकों को पुरस्कृत किया।

फरवरी में रिगवे ने चीनी सेना को चिपयुंग नी और वोंजू की लड़ाई में रुकने के लिए मजबूर कर दिया। फिर अगले महीने उसने आक्रमण कर दिया और सिओल पर नए सिरे से कब्जा कर लिया।

अप्रैल 1951 में कुछ असहमतियाँ होने के कारण अमेरिकी राष्ट्रपति हैरी एस. टूमैन ने मैकार्थी को जनरल के पद से हटाकर रिगवे को जनरल बना दिया।

रिगवे ने जहाँ संयुक्त राष्ट्र की सेनाओं का संचालन किया, वहीं जापान के मिलिटरी गवर्नर के रूप में भी काम किया।

अगले साल तक रिगवे ने उत्तर कोरियाई और चीनी सेना को खदेड़कर कोरिया गणतंत्र के समूचे क्षेत्र पर अधिकार कर लिया।

रिगवे की देख-रेख में 28 अप्रैल, 1952 को जापान की संप्रभुता और स्वतंत्रता की घोषणा की गई।

30 जून, 1955 को रिगवे सेवानिवृत्त हो गया। 26 जुलाई, 1993 को उसका देहांत हो गया।

□

मोहम्मद द्वितीय

(Mehmed II (Mehmed the Conqueror))

(सन् 1432–1481)

कांस्टेंटीनोपल को अकसर मुसलिम आक्रमण के खिलाफ 'यूरोप की अभेद्य प्राचीर' कहा जाता था। यह वैसा ही था, मगर कई बार इसने घूमनेवाले दरवाजे का रूप धारण कर लिया था।

सन् 1446 में, जब तुर्की का सुलतान मुराद द्वितीय ईसाई राज्यों के एक गठबंधन के साथ युद्ध कर रहा था, तब कांस्टेंटीनोपल की सरकार ने प्रति व्यक्ति का किराया वसूलते हुए सुलतान के सैनिकों को बोसपोरस के पार पहुँचाया था।

ढाई शताब्दी पहले डानडोलो के आक्रमण की वजह से पूर्वी साम्राज्य बदहाली की स्थिति में था और उसे धन की काफी जरूरत थी। इस बात को लेकर तुर्क काफी चिंतित थे। मुराद के पुत्र मोहम्मद द्वितीय ने जरूरी काररवाई करने का निश्चय किया।

जब मोहम्मद ने कुछ कर गुजरने का फैसला किया तो वह हाथ पर हाथ धरकर बैठा नहीं रहा। जब वह 21 साल की उम्र में सुलतान बना तो उसने एक हत्यारे को भेजकर अपने सौतेले भाई को पानी में डुबोकर मरवा दिया, जो उस समय बच्चा ही था। मोहम्मद नहीं चाहता था कि बड़ा होकर उसका भाई प्रतिद्वंद्वी बन जाए।

फिर उसने हत्यारे को मरवा दिया और अपनी सौतेली माँ का ब्याह एक गुलाम से करवा दिया। उसके सैनिक उसे 'खून पीनेवाला' कहकर पुकारते

थे। इस संबोधन के पीछे ठोस आधार भी मौजूद थे। मोहम्मद जिन गिने-चुने लोगों की सराहना करता था, उनमें उसका एक दुश्मन ट्रांसिल्वेनिया का शासक व्लेड (जो बाद में 'ड्रैकुला' के नाम से मशहूर हुआ) भी था।

उसके बारे में एक किस्सा प्रचलित था कि जब तुर्की प्रतिनिधिमंडल ने उसके सम्मान में सिर से पगड़ी नहीं खोली थी तो उसने सबके सिर में छेद करवाकर पगड़ी को अंदर डाल दिया था।

मोहम्मद ने कहा, "एक ऐसे शासक को कोई भी पराजित नहीं कर सकता, जिसने ऐसा साहसपूर्ण कारनामा कर दिखाया हो।"

कांस्टेंटीनोपल की दीवार को तोड़ने के लिए मोहम्मद ने अर्बन नामक एक मशहूर बंदूक निर्माता को नियुक्त किया, जो हंगरी का रहनेवाला था। अर्बन विशालकाय बंदूकें बनाता था, जिनकी सहायता से 1,400 पाउंड से भी अधिक वजनवाले पत्थर के गोले को दागा जा सकता था। वे गोले इतने भारी-भरकम होते थे कि उनको दीवार के पास ही तैयार किया जाता था, क्योंकि दूर से उनको उठाकर लाना मुमकिन नहीं था।

मोहम्मद के पास जहाँ दो लाख सैनिक थे, वहीं कांस्टेंटीनोपल के पास महज 8,000 सैनिक थे। मोहम्मद की पैदल सेना में 12,000 गुलाम थे, जो युद्ध कौशल के मामले में समूचे यूरोप में बेजोड़ माने जाते थे।

13वीं शताब्दी में धर्म-योद्धाओं के दो हमलों को छोड़कर कांस्टेंटीनोपल पर कभी कोई अधिकार नहीं कर पाया था। दीवारें अभी भी अपनी जगह पर खड़ी थीं, मगर दीवारों के बीचे कमजोरियाँ उजागर होने लगी थीं। डाग्नडोलो के हमले के परिणामस्वरूप यूनानी और लातिनी ईसाइयों के बीच कड़वाहट पैदा हो गई थी। गलाटा नगर में जाकर बसे जेनोइज लोगों ने तटस्थ रहने का ऐलान कर दिया था।

पोप चाहते थे कि इतालवी लोग कांस्टेंटीनोपल की रक्षा करें, क्योंकि यही नगर तुर्की हमलावरों को पश्चिमी यूरोप पर हमला करने से रोकता रहा था। लेकिन शुचितावादी सत्ताधीशों ने इटली से कोई मदद लेने से इनकार कर दिया।

कांस्टेंटीनोपल का बचाव करने के लिए 8,000 सैनिक तैनात हुए। उनकी

मदद के लिए दो विदेशी व्यक्ति मौजूद थे—एक था जियोवनी गिस्टियनी (एक जेनोइज), जो 700 सहायकों एवं दो उपकरणों को लेकर आया था और दूसरा एक जर्मन इंजीनियर जोहान ग्रांट था, जो मोरचाबंदी का विशेषज्ञ था।

मोहम्मद की विशालकाय बंदूक से बार-बार गोले दीवारों पर बरसाए जा रहे थे। उस बंदूक को कुछ दूरी तक घसीटने के लिए 50 बैलों और 450 लोगों की जरूरत पड़ती थी। वहीं एक गोला दागने में दो घंटे का समय लगता था। इस तरह बचाव पक्ष को पहले से पता चल जाता था कि गोला कहाँ दागा जाने वाला था। जब तक दीवार में छेद होता था, तब तक गिस्टियनी उसके समानांतर दीवार का निर्माण कर देता था।

मोहम्मद ने घेरा डालकर रखा था, मगर वह दीवारों को तोड़कर नगर के अंदर दाखिल नहीं हो पा रहा था। जब किसी पैदल सैनिक को दीवार लाँघने के लिए भेजा जाता था तो गिस्टियनी उसे मार डालता था। मोहम्मद ने दीवारों से ऊँचे एक मीनार का निर्माण करवाया, जिसे गिस्टियनी ने बारूद से उड़ा दिया।

इसी तरह मोहम्मद ने जब सुरंग बनाने की कोशिश की तो गिस्टियनी ने दूसरी तरफ से पानी डालकर, बारूद का धमाका कर या जहरीले सल्फर डाइ-आक्साइड का प्रयोग कर तुर्की सैनिकों को मार डाला।

आखिरकार पैदल सेना के कुछ गुलामों ने एक असुरक्षित रास्ता ढूँढ़ लिया और नगर में घुसकर वें बचाव कर रहे सैनिकों पर पीछे से हमला करने लगे।

मोहम्मद की सेना ने सामने की तरफ से आक्रमण कर दिया। गिस्टियनी और ग्रांट मारे गए। इसी तरह सम्राट् की भी हत्या कर दी गई।

सन् 1451 में कांस्टेंटीनोपल के पतन के साथ मूल रोमन साम्राज्य का भी पतन हो गया।

तबाह हो चुके नगर से विद्वान् प्राचीन ग्रंथों को लेकर भाग खड़े हुए, जिन ग्रंथों ने बाद में इटली में नवजागरण पैदा किया। तुर्कों ने पूर्वी यूरोप के अधिकतर हिस्सों पर कब्जा कर लिया।

□

मौरीस ऑफ नासो
(Maurice of Nassau)
(सन् 1567-1625)

16वीं और 17वीं शताब्दी के दौरान यूरोप में धर्म के नाम पर हुई लड़ाइयाँ अत्यंत विनाशकारी साबित हुई थीं—लूटपाट, बलात्कार और हत्या का अनवरत सिलसिला चलता रहा था। मगर ऐसी लड़ाइयों के बीच ही सैन्य क्षेत्र में कई आविष्कार हुए थे और धीरे-धीरे सेनाओं का आधुनिकीकरण भी होता गया था। ऐसे अन्वेषकों में मौरीस ऑफ नासो का नाम उल्लेखनीय माना जाता है।

मौरीस विलियम द प्रूडेंट का पुत्र था। उस जमाने के स्पेनिश नीदरलैंड की प्रजा की अगुवाई करते हुए विलियम ने विद्रोह किया था। स्पेनिश नीदरलैंड में आधुनिक नीदरलैंड, बेल्जियम और लक्जमबर्ग शामिल थे।

जब रोमन सम्राट् चार्ल्स पंचम ने समूचे नीदरलैंड को कैथोलिक बनाने का फैसला किया तो बगावत शुरू हो गई। विलियम भले ही चार्ल्स पंचम का घनिष्ठ मित्र था, मगर उसे ही विद्रोह का नेता चुना गया था।

सन् 1548 में विलियम की हत्या कर दी गई और संघर्ष ने नया मोड़ ले लिया। विद्रोहियों के लिए अनुकूल समय शुरू हो गया। विलियम के स्थान पर उसके पुत्र मौरीस ऑफ नासो को विद्रोहियों का नेता बनाया गया।

उस समय मौरीस केवल 17 साल का था, जब उसने अपने पिता की जगह ली थी। उस समय तक उसे लड़ने का कोई अनुभव नहीं था, क्योंकि वह विद्यार्थी जीवन व्यतीत करता रहा था।

लेकिन मौरीस ने आक्रामक रुख अपनाया और सन् 1590 से 1594 के बीच कई नगरों पर नए सिरे से कब्जा कर लिया। इस दौरान उसने सेना को नए सिरे से संगठित भी किया।

उस समय की अधिकतर यूरोपीय सेना तलवारधारी पैदल सैनिकों पर सबसे अधिक निर्भर करती थी, जिन्हें तीर-धनुषधारी सैनिकों, बंदूकधारी सैनिकों और कुछ तोपों की सहायता मिलती थी।

विद्यार्थी जीवन में मौरीस ने रोमन सैन्य अभियानों का गहराई के साथ अध्ययन किया था। उसने अपनी सेना को 550 सैनिकों की बटालियन के तौर पर वर्गीकृत किया। फिर उसने बटालियनों को कंपनियों के रूप में विभाजित किया और फिर कंपनियों को प्लाटूनों के रूप में विभाजित किया।

इस तरह के विभाजन के जरिए सेना को संगठित तरीके से संचालित कर पाना मौरीस के लिए आसान हो गया। उसके ऐसे प्रयोगों के चलते उसकी सेना अधिक चुस्त और अनुशासित हो गई।

रोमन सैनिकों की तरह मौरीस के सैनिक भी किसी भी स्थान पर पहुँचकर छावनी बनाने में पारंगत हो गए। प्रत्येक सैनिक को तंबू गाड़ने का प्रशिक्षण दिया गया। दूसरे देशों की सेनाएँ इस तरह की छावनी बनाने के लिए अलग से मजदूरों की सहायता लेती थीं, मगर मौरीस ने अपनी सेना को पूरी तरह आत्मनिर्भर बनना सिखाया था।

मौरीस ने हॉलैंड के तोप निर्माताओं के साथ कम वजनवाली तोप बनाने पर विचार-विमर्श किया था और उसने तलवारधारियों की तुलना में अपनी सेना में बंदूकधारी सैनिकों की संख्या बढ़ा दी थी।

मौरीस के बंदूकधारी कतार में खड़े होकर गोलियाँ चलाते थे और वे दुश्मन की सेना की तुलना में अधिक तेजी के साथ गोलियाँ चला सकते थे।

उस जमाने की बंदूकों से गोली चलाने की प्रक्रिया लंबी होती थी। गोली भरने, चलाने, फिर गोली भरने के लिए 42 विधियों को संपन्न करना पड़ता था। मौरीस ने अपने सैनिकों को बारी-बारी से गोलियाँ चलाना सिखाया था।

मौरीस ने अपने सैनिकों को विपरीत दिशा में मार्च करना सिखाया था।

अग्रिम पंक्ति के सैनिक गोली चलाने के बाद मुड़कर पिछली पंक्ति के सैनिकों के पीछे चले जाते थे। पिछली पंक्ति के सैनिक तब तक बंदूकों में गोलियाँ भर चुके होते थे और तत्काल फायर करते थे। फिर वे भी विपरीत दिशा में मार्च करते थे।

यह एक ऐसी विधि थी, जिसे अपनाकर मौरीस के सैनिक बिना रुके गोलीबारी जारी रख सकते थे।

मौरीस ने अपने तलवारधारी सैनिकों को भी विशेष रूप से प्रशिक्षित किया था। उन सैनिकों का सामना जब दुश्मन के घुड़सवार दस्ते से होता था तो वे तुरंत अपने पीछे चल रहे बंदूकधारी सैनिकों को आगे बढ़कर गोली चलाने का मौका दे देते थे।

सैन्य विशेषज्ञ होने के नाते मौरीस ने यूरोप में प्रथम सैन्य अकादमी की स्थापना की। उस अकादमी में विदेशी छात्रों को भी दाखिला मिल जाता था।

इस तरह मौरीस के सैन्य सुधारों का प्रचार-प्रसार पूरे यूरोप में होने लगा था।

मौरीस के कई सुधारों का श्रेय बाद में स्वीडन के जनरल गुस्तावस एडोल्फस ने ले लिया था। कुछ जानकारों का कहना है कि गुस्तावस ने ही सबसे पहले बंदूकधारियों को तलवार भी साथ रखना सिखाया था, ताकि बंदूक खाली होने की स्थिति में वे तलवार से लड़ सकें।

जबकि ऐतिहासिक चित्रों में स्पष्ट रूप से मौरीस के बंदूकधारी सैनिकों को तलवार से लैस दरशाया गया है। गुस्तावस ने कई तरह के प्रयोग किए, मगर ज्यादातर प्रयोग मौरीस के सुधारों पर ही आधारित माने जाते हैं।

सन् 1591 में किंग फिलिप के सेनापति ड्यूक ऑफ परमा ने नीदरलैंड पहुँचकर मौरीस के हमलों को रोक दिया था। मगर 80 वर्षों के संघर्ष के बाद आखिरकार नीदरलैंड आजाद हो गया था और उस आजादी का अधिकतर श्रेय मौरीस को ही जाता है।

□

यामामोटो इसोरोको

(Isoroku Yamamoto)

(सन् 1884-1943)

सादायोसी तकानो के छठे पुत्र के रूप में इसोरोको तकानो का जन्म 4 अप्रैल, 1884 को हुआ। उसके नाम का अर्थ 'छप्पन' था, क्योंकि उसके जन्म के समय उसके पिता की उतनी ही उम्र हुई थी।

सन् 1916 में माता-पिता के निधन के बाद 32 वर्षीय इसोरोको को यामामोटो परिवार ने गोद ले लिया और इस तरह उसके नाम के साथ 'यामामोटो' जुड़ गया। जापान में निस्संतान दंपतियों द्वारा पुत्र को गोद लेने की परंपरा पुराने जमाने से प्रचलित रही है।

सन् 1918 में लेफ्टिनेंट कमांडर के पद पर कार्य करते हुए इसोरोको ने रिको मिहासी से विवाह किया। बाद में रिको ने चार संतानों को जन्म दिया।

16 साल की उम्र में इसोरोको ने इताजिमा की इंपीरियल जापानीज नेवल अकादमी में दाखिला लिया, जहाँ से सन् 1904 में ग्रेजुएट की पढ़ाई पूरी करने के बाद उसे 'क्रूजर निशिन' पर तैनात किया गया। इसी युद्धपोत पर तैनात रहते हुए वह सुशिमा की निर्णायक लड़ाई (27-28 मई, 1905) में शामिल हुआ, जिसमें वह अपने बाएँ हाथ की दो उँगलियों को गँवा बैठा।

इसोरोको के नेतृत्व की क्षमता को पहचाना गया और उसे सन् 1913 में नेवल स्टाफ कॉलेज भेज दिया गया।

सन् 1919 में इसोरोको अमेरिका पहुँचा, जहाँ अगले दो वर्षों तक वह हार्वर्ड विश्वविद्यालय में तेल उद्योग का अध्ययन करता रहा।

सन् 1923 में जापान लौटने पर इसोरोको को कैप्टन बना दिया गया और

क्रूजर फूजी की कमान सौंपी गई।

कसुमीगुआरा में विमान उड़ाने का प्रशिक्षण लेने के बाद अगले साल उसने शस्त्र संचालन की अपनी दक्षता को बदलकर युद्धपोत उड्डयन के क्षेत्र को अपना लिया।

विमानों के द्वारा आक्रमण के प्रभाव को महसूस करते हुए वह नौसेना के लिए दक्ष विमान चालकों को प्रशिक्षित करने लगा। सन् 1926 में वह नौसेना के प्रतिनिधि के तौर पर दो वर्षों के लिए अमेरिका पहुँचा।

सन् 1928 में स्वदेश लौटने पर इसोरोको को विमान वाहक पोत 'आकागी' की कमान सौंपी गई और फिर द्वितीय लंदन नौसेना सम्मेलन में जापानी प्रतिनिधिमंडल के विशेष सहायक के रूप में उसे भेजा गया।

सन् 1930 में उसे 'रियर एडमिरल' का पद सौंपा गया। वह संधि के तहत युद्धपोतों के निर्माण की संख्या को बढ़ाने की माँग कर रहा था। उसके बेहतर प्रदर्शन को देखते हुए उसे सन् 1934 में तीसरे नौसेना सम्मेलन में भाग लेने के लिए लंदन भेजा गया। इसोरोको को नौसेना का वाइस मिनिस्टर बना दिया गया। इस पद पर रहते हुए उसने नए युद्धपोत का निर्माण करने की जगह उड्डयन के क्षेत्र में ठोस कदम उठाने पर बल दिया।

अपने कॅरियर के दौरान इसोरोको ने जापान के कई सैन्य अभियानों का विरोध किया। उसने मंचूरिया पर आक्रमण और चीन के साथ युद्ध का भी विरोध किया। वह अमेरिका के साथ किसी तरह का युद्ध नहीं चाहता था और सन् 1937 में एक अमेरिकी पोत के डूब जाने पर उसने आधिकारिक तौर पर माफी माँगी थी।

इसोरोको अपनी युद्ध विरोधी विचारधारा के कारण काफी अलोकप्रिय हो गया था और युद्ध-समर्थक गुट उसके खून के प्यासे हो गए थे।

30 अगस्त, 1939 को नौसेना के मिनिस्टर एडमिरल योनाई मित्युमासा ने इसोरोको को संयुक्त बेड़े का सेनाध्यक्ष बनाकर भेज दिया था और कहा था, "उसकी जान बचाने के लिए उसे समुद्र में भेजने का विकल्प ही बचा रह गया था।"

जर्मनी और इटली के साथ जापान ने जब त्रिपक्षीय समझौता किया, तब इसोरोको ने प्रधानमंत्री कोनो को आगाह किया कि अगर अमेरिका के साथ युद्ध लड़ने की नौबत आई तो छह महीने से अधिक समय तक मुकाबला कर

पाना संभव नहीं होगा।

जब युद्ध अनिवार्य हो गया तब इसोरोको हमले की रणनीति बनाने में जुट गया। परंपरागत जापानी नौसैनिक रणनीति के विपरीत इसोरोको का मानना था कि पहला हमला जोरदार और तीव्रता के साथ होना चाहिए, जिससे अमेरिका को सँभलने का मौका न मिले। फिर निर्णायक तरीके से युद्ध को जारी रखा जा सकता है। इसोरोको का मानना था कि ऐसा करने पर जापान की जीत हो सकती थी और अमेरिका वार्त्ता के लिए मजबूर हो सकता था।

जब कूटनीतिक संबंध टूटने के कगार पर पहुँच गए, तब इसोरोको ने पर्ल हार्बर के अमेरिकी बेड़े को ध्वस्त करने की योजना बनाई। 26 नवंबर, 1941 को छह विमानवाहक पोत हवाई पहुँचे। 7 दिसंबर को उत्तर की तरफ से अमेरिकी बेड़े पर हमला किया गया। चार युद्धपोतों को पूरी तरह नष्ट कर दिया गया और चार को क्षतिग्रस्त कर दिया गया। इस तरह द्वितीय विश्व युद्ध प्रारंभ हो गया।

यह हमला जहाँ जापान के लिए राजनीतिक रूप से आत्मघाती सिद्ध हुआ, वहीं इसोरोको को छह महीने तक (जैसा उसका अनुमान था) का समय मिल गया और बगैर अमेरिकी दखलंदाजी के वह प्रशांत महासागर में अपने क्षेत्र का विस्तार करता रहा।

पर्ल हार्बर की जीत के बाद इसोरोको अमेरिकी नौसेना के साथ निर्णायक युद्ध लड़ना चाहता था। वहीं जापान का सेनाध्यक्ष बर्मा की तरफ ध्यान केंद्रित कर रहा था। अप्रैल 1942 में जब टोक्यो पर हमला किया गया, तब इसोरोको को नौसेनाध्यक्ष ने मिडवे आइलैंड पर हमला करने की इजाजत दे दी।

इस हमले का कूट संदेश अमेरिका तक पहुँच चुका था और मिडवे आइलैंड पहुँचने पर इसोरोको को पराजय का सामना करना पड़ा। चार जापानी विमानवाहक पोतों को नष्ट कर दिया गया।

18 अप्रैल, 1943 को इसोरोको जिस विमान में यात्रा कर रहा था, उसके मार्ग की पूर्व सूचना अमेरिका के पास पहुँच चुकी थी और अमेरिकी वायुसेना के विमान की सहायता से हमला कर उस विमान को मार गिराया गया। इसोरोको सहित विमान में सवार सभी यात्रियों की मौत हो गई।

□

यी सून सीन

(Yi Sun Sin)

(सन् 1545–1598)

तोयोतोमी हिदेयोशी आत्मविश्वास से लबालब भरा हुआ था। ऐसा होना स्वाभाविक भी था। एक किसान परिवार में पैदा होकर भी वह सोलहवीं शताब्दी में जापान में छिड़े अनगिनत गृह–युद्धों से जूझता रहा। अपनी प्रतिभा के चलते वह जापान का जनरल बना। एक शताब्दी में पहली बार वह जापान का एकीकरण करने में सफल हुआ।

हिदेयोशी जानता था कि दूसरे देशों से युद्ध लड़ते हुए जापान की एकता को मजबूत किया जा सकता था। उसने पहले कोरिया, फिर चीन और उसके बाद फिलीपींस पर जीत हासिल करने की योजना बनाई।

हिदेयोशी के मंसूबे की खबर कोरिया तक पहुँच गई। वहाँ यी सून सीन नामक एक सैन्य अधिकारी ने उसका मुकाबला करने की रणनीति तैयार की।

यी सन् 1576 में एक सैन्य अधिकारी बना था। उस युग में दूसरे कई देशों की तरह कोरियाई सेना में थलसेना और नौसेना का अलग–अलग वर्गीकरण नहीं किया गया था।

एडमिरल बनाए जाने से पहले यी यालू नदी के किनारे मोरचे का संचालन करता रहा था और जुरचेन ख़ानाबदोशों के साथ युद्ध लड़ चुका था।

वह जानता था कि कोरिया पर सबसे बड़ा संकट समुद्री मार्ग से किया

जाने वाला जापान का आक्रमण हो सकता था। वह तुरंत कोरियाई समुद्री बेड़ों को सुधारने में जुट गया।

परंपरागत रूप से एक शताब्दी से भी अधिक समय से कोरियाई नौसेना जिस युद्धपोत का इस्तेमाल करती रही थी, उसे कछुए जैसा आकार होने के कारण 'कछुआ पोत' कहकर पुकारा जाता था। वैसे पोतों के किनारों और छत पर यी ने लोहे की प्लेटें लगवाईं। साथ ही दुश्मन के पोतों पर ग्रेनेड या जलते हुए तीरों को फेंकने का पुख्ता इंतजाम किया।

हिदेयोशी ने मई 1592 में धावा बोला और पुसान पर कब्जा कर लिया। कुछ दिनों बाद यी सून सीन के कछुआ पोतों ने जापान के 800 पोतोंवाले बेड़े पर हमला कर 26 जापानी पोतों को जला दिया। अत: जापानी पोतों को भागना पड़ा।

स्थल मार्ग से जापानी सेना पेनिनसुला पर कब्जा कर नौ दिनों में सिओल तक पहुँच गई। दूसरी तरफ यी सून सीन के कछुआ पोतों ने युद्ध सामग्रियाँ लेकर आ रहे जापान के 72 पोतों को नष्ट कर दिया।

एक बार फिर यी ने 180 पोतों के साथ जापान के 800 पोतों के विशाल बेड़े पर आक्रमण किया और 400 पोतों को नष्ट कर दिया। यी ने दुश्मन को शिकस्त देने के लिए कई तरह के कौशलों को विकसित किया था। सन् 1593 में जापानी सेना ने कदम पीछे खींच लिये।

हिदेयोशी हार नहीं मानना चाहता था, मगर वह अगला हमला करने से पहले यी सून सिन से छुटकारा पाना चाहता था। उसने अपने एक आदमी को कोरिया के राजा के पास मुखबिर बनाकर भेजा। उस आदमी ने राजा को एक स्थान पर जापानी पोतों के आगमन की झूठी सूचना दी और यी सून सीन को वहाँ भेजने के लिए कहा।

कोरिया के राजा सियोंजा ने यी सून सीन को अपने पोतों के साथ मुखबिर के बताए हुए स्थान पर जाने का आदेश दिया। यी ने वहाँ जाने से इनकार कर दिया। वह जानता था कि बताए गए स्थान पर चट्टानें थीं और उसके पोत नष्ट हो सकते थे।

राजा की तरफ से यी को यातनाएँ दी गईं, मगर वह टस से मस नहीं

हुआ। राजा ने उसे जान से मारने का हुक्म दिया; मगर जब मंत्रियों ने यी की राष्ट्र–सेवा की दुहाई दी तो उसने अपना आदेश वापस ले लिया।

यी को जान से मारने की जगह राजा ने उसका ऊँचा पद छीन लिया और उसे एक मामूली सैनिक बना दिया।

नए एडमिरल वोन क्योन ने नौसेना के अहम पदों से यी के करीबियों को हटा दिया और पोतों को लेकर उस स्थान पर पहुँच गया, जिसकी सूचना जापानी मुखबिर ने दी थी। वहाँ पहुँचते ही उसके सारे पोत नष्ट हो गए। राजा को गलती का अहसास हो गया और उसने सम्मानपूर्वक यी को एडमिरल बना दिया।

यी ने कछुआ पोतों के नए बेड़े का निर्माण शुरू कर दिया। उस समय वह केवल 12 कछुआ पोतों का निर्माण करवा पाया था, जब 133 पोतों के बेड़े के साथ जापान ने हमला कर दिया।

यी ने 12 कछुआ पोतों के साथ मोरचा सँभालते हुए दुश्मन के 31 पोतों को नष्ट कर दिया। बाकी पोतों को लेकर जापानी सेना भाग खड़ी हुई।

जापानियों ने फिर कोशिश की, लेकिन नवंबर 1598 में चिन्हुआ वे के युद्ध में यी ने 400 जापानी पोतों में से 200 पोतों को नष्ट कर दिया। युद्ध खत्म होने से पहले यी मारा गया।

लेकिन उस मुठभेड़ के साथ युद्ध समाप्त हो गया। जापानी नाविकों ने लौटकर बीमार हिदेयोशी को अपनी शिकस्त की खबर दी। कुछ दिनों बाद ही हिदेयोशी का देहांत हो गया। हिदेयोशी के नहीं रहने पर जापान ने विजय अभियान शुरू करने का इरादा त्याग दिया।

अगर यी सून सीन ने 22 अविजित लड़ाइयाँ लड़कर जापान को शिकस्त नहीं दी होती तो जापान निश्चित रूप से कोरिया पर कब्जा कर लेता। कुछ विशेषज्ञ मानते हैं कि फिर चीन पर कब्जा करना भी जापान के लिए आसान हो जाता; और अगर कोरिया में पाँव जमाकर जापान पूर्वी समुद्री क्षेत्र को नियंत्रित कर पाता तो वह फिलीपींस पर भी अधिकार कर सकता था।

□

यूलिसस एस. ग्रांट
(Ulysses S. Grant)
(सन् 1822-1885)

यूलिसस एस. ग्रांट को ऐसे संघीय जनरल के रूप में याद किया जाता है, जिसने अमेरिकी गृह युद्ध के दौरान अमेरिका के राज्यों के परिसंघ के विरुद्ध अमेरिका को जीत दिलवाई। दो कार्यकाल तक राष्ट्रपति रहने के बावजूद कुछ इतिहासकार उसे कमजोर और अप्रभावी भी मानते रहे हैं। उनका मानना है कि ग्रांट का शासनकाल अमेरिकी इतिहास में राष्ट्रपति पद के लिए सबसे अधम काल था।

हालाँकि कुछ विद्वान् नए सिरे से ग्रांट के कार्यकाल की पड़ताल कर रहे हैं और उसकी खूबियों पर रोशनी भी डाल रहे हैं। वैसे भी, प्रत्येक राष्ट्रपति के व्यक्तित्व में इतिहासकारों को कोई-न-कोई विरोधाभास जरूर नजर आता है। ग्रांट में इस तरह के विरोधाभास ज्यादा नजर आए।

वह एक शालीन और अल्पभाषी व्यक्ति था, मगर रणक्षेत्र में वह अपने सैनिकों के हृदय में वीरता का संचार करने में सफल हुआ था। वह एक स्वाभिमानी व्यक्ति था, जो दूसरों को अपमानित होते हुए नहीं देख सकता था। उसे राजनीति से कोई लगाव नहीं था, इसके बावजूद वह देश के सर्वोच्च पद तक पहुँचा था।

वह कोई महान् वक्ता नहीं था, मगर उसके मन में लिंकन की रिपब्लिकन पार्टी के दर्शन में गहरी आस्था थी, जिस दर्शन ने दासों को मुक्त बनाया था और लोकतंत्र की रक्षा की थी।

ग्रांट के नेतृत्व में एक शक्तिशाली मगर अस्थिर अर्थव्यवस्था तैयार हुई,

जिसकी उत्पादक क्षमताओं के बारे में गृह युद्ध से पहले किसी ने अंदाजा भी नहीं लगाया था। महाद्वीपीय रेलवे लाइन के प्रबल समर्थक के रूप में ग्रांट ने सन् 1869 में अपना राष्ट्रपति पद का एक साल पूरा करने पर इस सपने को साकार होते हुए देखा।

कुल मिलाकर ग्रांट के निर्धारित लक्ष्य आदर्शों पर आधारित थे और उसने जिस तरह के प्रयत्न किए, वैसे प्रयत्न पहले कम ही किए गए थे। खासतौर पर उसने अफ्रीकी अमेरिकियों के अधिकारों, स्थानीय अमेरिकियों से संबंधित नीति और नौकरशाही के सुधार की दिशा में ठोस कदम उठाए।

ग्रांट का जन्म ओहियो में हुआ। उसने न्यूयॉर्क की मिलिटरी अकादमी से शिक्षा प्राप्त की। उसे मिसूरी में सेना की टुकड़ी के साथ तैनात किया गया।

जब रेक्सास क्षेत्र को लेकर मेक्सिको के साथ संघर्ष की नौबत आई तो ग्रांट अपनी सैन्य टुकड़ी के साथ दक्षिण में आ गया।

सन् 1846 से 1848 तक ग्रांट मेक्सिकन युद्ध में लड़ता रहा और उसे दो बार वीरता के लिए पुरस्कृत किया गया। युद्ध समाप्त होने पर ग्रांट को डेट्राइट, न्यूयॉर्क और प्रशांत क्षेत्र में अलग-अलग पदों पर तैनात किया गया।

ग्रांट ने सन् 1854 में अचानक सेना की नौकरी से इस्तीफा दे दिया और अपने परिवार के साथ रहने के लिए मिडवेस्ट आ गया। इसके बाद ग्रांट ने अलग-अलग पेशे को अपनाने का प्रयास किया। उसने खेतीबारी की और बीमा बेचने का काम किया। फिर उसे गलेना में एक पारिवारिक चर्म उद्योग में काम मिल गया।

संघर्षपूर्ण परिस्थितियों में ग्रांट को उसकी पत्नी जूलिया डेंट ग्रांट ने भरपूर सहारा दिया। दोनों एक-दूसरे से बेहद प्यार करते थे। उनके चार बच्चे थे।

जब सन् 1861 में गृह युद्ध छिड़ गया, तब ग्रांट जैसे अनुभवी सैन्य अधिकारी गिने-चुने ही बचे थे। इलिनोइस के गवर्नर ने ग्रांट से कहा कि वह वोलेटियर इन्फैंटरी रेजीमेंट के सदस्यों को लड़ने का प्रशिक्षण प्रदान करे।

ग्रांट ने प्रशिक्षण देना शुरू किया और सबको अनुशासन सिखाया। वोलेटियर ग्रांट की इज्जत करने लगे। सेना ने ग्रांट के योगदान की सराहना की और उसे ब्रिगेडियर जनरल के पद पर प्रोन्नत कर दिया गया।

ग्रांट ने वेस्टर थिएटर में हुए युद्ध में सैनिकों का नेतृत्व किया और जीत

हासिल की। उसने टेनिसी में फोर्ट हेनरी और फोर्ट डोनेलसन पर कब्जा कर लिया। विक्सबर्ग और मिसीसिपी में विरोधियों का समर्पण करवाया और टेनिसी के चटानूगा में दक्षिणी सैन्य बल को परास्त किया।

युद्ध के अंतिम वर्ष में जब उसने कहा कि काफी लोगों के मारे जाने पर भी वह लड़ाई को जारी रखने के लिए तैयार है, तो उसकी सराहना की गई और आलोचना भी की गई। उस खूनी गृह-युद्ध को रोकने में ग्रांट ने मदद की। उसने पीटर्सबर्ग में जनरल रॉबर्ट ई ली की सेना को घेरने का आदेश संघीय सेना को दिया था।

अप्रैल 1865 में ली के समर्पण के बाद ग्रांट के प्रति लोगों का आदर-भाव बढ़ गया था।

गृह-युद्ध के अंत में अब्राहम लिंकन की हत्या हो गई थी। उसके बाद देश का नेतृत्व सँभालनेवाला डेमोक्रेट राष्ट्रपति एंड्रयू जॉनसन चुनौतियों का ठीक से सामना कर पाने में असमर्थ साबित हुआ था।

रिपब्लिकन पार्टी अफ्रीकी अमेरिकी लोगों के नागरिक एवं राजनीतिक अधिकारों को सुनिश्चित करना चाहती थी। इस पार्टी ने ग्रांट को राष्ट्रपति पद का उम्मीदवार बनाया। सन् 1868 में ग्रांट अमेरिका का अठारहवाँ राष्ट्रपति चुना गया।

रणक्षेत्र में अभूतपूर्व वीरता और नेतृत्व क्षमता का प्रदर्शन करनेवाला ग्रांट जब राष्ट्रपति बना तो वह वैसी ही नेतृत्व क्षमता का प्रदर्शन नहीं कर पाया। उसने जहाँ कई ईमानदार लोगों को अहम पदों पर बिठाया, वहीं कुछ भ्रष्ट लोग भी उसके वफादार सहयोगी बनने में सफल हो गए। हालाँकि ऐसे भ्रष्ट लोगों के घोटालों से ग्रांट ने निजी तौर पर कोई लाभ प्राप्त नहीं किया। उसकी गलती यही थी कि उसने दोस्तों पर जरूरत से ज्यादा भरोसा कर लिया था।

राष्ट्रपति पद से निवृत्त होने के बाद उसने कुछ निवेश योजनाओं में अपनी जमा-पूँजी लगाई और सबकुछ गँवा बैठा। अपने परिवार को आर्थिक सहारा प्रदान करने के लिए (गले के कैंसर से मरते समय) ग्रांट ने युद्ध संबंधी संस्मरण की एक पुस्तक लिखी, जो काफी बिकी। मृत्यु से चार दिन पहले ग्रांट ने उस पुस्तक को पूरा किया था।

□

रॉबर्ट क्लाइव
(Robert Clive)
(सन् 1725-1774)

रॉबर्ट क्लाइव ब्रिटिश सेना में एक सैनिक के पद पर तैनात हुआ था; किंतु अपनी सूझ-बूझ, समझदारी और बुद्धि से उसने बहुत ऊँचा पद प्राप्त कर लिया था।

रॉबर्ट क्लाइव का जन्म 29 सितंबर, 1725 को हुआ था। क्लाइव ने भारत में ईस्ट इंडिया कंपनी को मुख्य रूप से मजबूती प्रदान की थी। क्लाइव ने ही अपनी उच्च महत्त्वाकांक्षाओं और कूटनीति से संपूर्ण भारत को अंग्रेजों का गुलाम बनाने में मुख्य भूमिका निभाई थी।

पहले प्लासी का युद्ध और फिर बक्सर आदि के कई युद्धों को जीतकर क्लाइव ने भारत में ब्रिटिश सत्ता को मजबूती प्रदान कर दी थी। भारत में मुगलों का वर्चस्व समाप्त करने में भी क्लाइव का बड़ा योगदान था।

भारत से क्लाइव सन् 1767 में इंग्लैंड चला गया, जहाँ 1774 में उसने आत्महत्या कर ली।

क्लाइव कंपनी के एक क्लर्क के रूप में भारत आया था। उसे मुख्य रूप से गवर्नर को पत्र आदि लिखने के कार्य के लिए रखा गया था। वह सदैव अपने साथ तलवार, बंदूक और घोड़ा रखता था।

क्लाइव को आवश्यकता के अनुसार सैनिकों को कहीं पर भी भेजने और युद्ध लड़ने के अधिकार भी प्राप्त थे। पहली बार वह 1757-1760 और फिर दूसरी बार 1705-1767 तक बंगाल का गवर्नर रहा था।

भारत में अपने कार्यकाल के दौरान क्लाइव ने बंगाल में अंग्रेजों की स्थिति में सुधार किया और ब्रिटिश साम्राज्य को मजबूती प्रदान की।

बंगाल के नवाब सिराजुद्दौला, अवध के नवाब शुजाउद्दौला और मुगल बादशाह शाह आलम द्वितीय—इन तीनों को ही क्लाइव की सूझ-बूझ, चालाकी और कूटनीति ने परास्त कर दिया था।

23 जून, 1757 को प्लासी का युद्ध और 1764 में बक्सर का युद्ध जीतकर क्लाइव ने बंगाल में ब्रिटिश हुकूमत के विरोध को पूर्णतया समाप्त कर दिया था।

सन् 1757 से 1760 तक बंगाल का गवर्नर रहने के बाद क्लाइव 1760 में इंग्लैंड लौट गया। उसके पश्चात् बंगाल का स्थानापन्न गवर्नर हॉलवेल बना। फिर वेन्सीटार्ट बंगाल का गवर्नर बना।

बक्सर की विजय के उपरांत क्लाइव को पुनः भारत में ब्रिटिश प्रदेशों का मुख्य सेनापति तथा गवर्नर बनाकर भेजा गया था। 10 अप्रैल, 1765 को क्लाइव ने दूसरी बार मद्रास की धरती पर पैर रखा था और 3 मई, 1765 को उसने कलकत्ता में कार्यभार ग्रहण किया।

क्लाइव ने 12 अगस्त, 1765 को मुगल बादशाह शाह आलम से इलाहाबाद में एक संधि की, जिसकी शर्तों के अनुसार कंपनी को बंगाल, बिहार तथा उड़ीसा की दीवानी प्राप्त हुई।

बादशाह शाह आलम के लिए इलाहाबाद तथा कड़ा के जिले एवं कंपनी द्वारा प्रतिवर्ष 26 लाख रुपए वार्षिक पेंशन देने की व्यवस्था की गई। कंपनी ने अवध के नवाब से कड़ा और मानिकपुर छीनकर मुगल बादशाह को दे दिया। इसे 'इलाहाबाद की पहली संधि' के नाम से जाना जाता है।

क्लाइव ने अवध के नवाब शुजाउद्दौला के साथ 16 अगस्त, 1785 को एक दूसरी संधि की, जिसे 'इलाहाबाद की दूसरी संधि' के रूप में जाना जाता है। संधि की शर्तों के अनुसार नवाब ने इलाहाबाद व कड़ा के जिले शाह आलम को देने का वादा किया और युद्ध की क्षतिपूर्ति के लिए उसने कंपनी को 50 लाख रुपए भी देने का वायदा किया। इन दोनों संधियों के संपन्न हो जाने पर कंपनी की स्थिति अत्यंत मजबूत हो गई।

क्लाइव ने बंगाल में दोहरी सरकार कायम की, जिसमें भू-राजस्व वसूलने की शक्ति कंपनी के पास थी, पर प्रशासन का भार नवाब के कंधों पर था।

क्लाइव की इस प्रशासनिक व्यवस्था की विशेषता उत्तरदायित्व-रहित अधिकार और अधिकार-रहित उत्तरदायित्व थी। इस तरह दीवानी और निजामत, जिसमें दीवानी के अंतर्गत राजस्व वसूल करने का अधिकार तथा निजामत के अंतर्गत सैन्य संरक्षण तथा विदेशी मामलों के अधिकार शामिल थे, पूर्ण रूप से कंपनी के हाथों में आ गए।

क्लाइव ने मुहम्मद रजा खाँ को बंगाल का तथा राजा शिताब राय को बिहार का दीवान बनाया।

द्वैध शासन का व्यापार तथा वाणिज्य पर भी गलता असर पड़ा। व्यापारियों के शोषण की गति तीव्र हो गई। बंगाल के वस्त्र तथा रेशम उद्योग इससे काफी प्रभावित हुए। द्वैध व्यवस्था मात्र ब्रिटिश हित को सर्वोपरि रखती थी।

क्लाइव द्वारा निजी व्यापार तथा उपहार लेने पर रोक लगाने से भ्रष्टाचार को बढ़ावा मिला तथा इसने आंतरिक कर संग्रह को अनिवार्य बना दिया।

क्लाइव ने कंपनी के सैनिकों के दोहरे भत्ते, जो शांति काल में मिलते थे, पर रोक लगा दी। यह सुविधा केवल बंगाल के सैनिकों को दी जाने लगी, जो बंगाल और बिहार की सीमा से बाहर कार्य करते थे।

मुंगेर तथा इलाहाबाद में कार्यरत श्वेत सैनिक अधिकारियों ने इस व्यवस्था का विरोध किया, जिसे कालांतर में 'श्वेत विद्रोह' के नाम से जाना गया। क्लाइव उस विद्रोह को दबाने में सफल हुआ।

फरवरी 1767 में क्लाइव ने अंतिम बार भारत छोड़ा, मगर जाने से पूर्व ईस्ट इंडिया कंपनी की नींव उसने मजबूत कर दी।

इंग्लैंड जाने पर उसके ऊपर भ्रष्टाचार का मुकदमा चला, किंतु उसमें वह सकुशल बरी कर दिया गया।

□

रेमोंड स्प्राउंस

(Raymond Ames Spruance)

(सन् 1886–1969)

रेमोंड स्प्राउंस का जन्म 3 जुलाई, 1886 को अमेरिका के बाल्टीमोर में हुआ। उसके पिता का नाम अलेक्जेंडर स्प्राउंस और माता का नाम एनी स्प्राउंस था। रेमोंड का पालन–पोषण इंडियाना पोलिस में किया गया, जहाँ उसने स्नातक की पढ़ाई पूरी की। न्यू जर्सी में स्टीवंस प्रीपेटरी स्कूल में आगे की पढ़ाई करने के बाद सन् 1903 में रेमोंड ने यू.एस. नेवल अकादमी में दाखिला लिया।

तीन साल बाद पढ़ाई पूरी करते हुए उसने दो सालों तक समुद्री जहाज पर काम किया। 13 सितंबर, 1908 को उसे नौसेना में प्रशिक्षु के तौर पर शामिल किया गया। इसी दौरान उसने इलेक्ट्रॉनिक इंजीनियरिंग का प्रशिक्षण लिया।

मार्च 1913 में रेमोंड को युद्धपोत 'यू.एस.एस. बेनब्रिज' की जिम्मेदारी सौंपी गई और लेफ्टिनेंट का पद दिया गया।

मई 1914 में रेमोंड को न्यूपोर्ट न्यूज शिप बिल्डिंग और ड्राई डॉक कंपनी में मशीनरी विभाग का सहायक निरीक्षक बनाया गया। दो साल बाद उसने युद्धपोत 'यू.एस.एस. पेनसिल्वेनिया' के निर्माण में सहायता की। बाद में इसी युद्धपोत पर रेमोंड नवंबर 1917 तक काम करता रहा।

प्रथम विश्व युद्ध छिड़ जाने पर रेमोंड को न्यूयॉर्क नेवी यार्ड का सहायक इंजीनियर अधिकारी बनाया गया। इस पद पर कार्य करते हुए उसने लंदन और

एडिनबर्ग की यात्राएँ कीं। प्रथम विश्व युद्ध समाप्त होने पर रेमोंड ने अमेरिकी सैनिकों की गृह वापसी में सहायता की। कमांडर के रैंक तक पहुँचकर रेमोंड ने जुलाई 1926 में नेवल वार कॉलेज से प्रशिक्षण प्राप्त किया।

अक्तूबर 1929 में रेमोंड को युद्धपोत 'यू.एस.एस. मिसीसिपी' पर एक्जीक्यूटिव अधिकारी के पद पर तैनात किया गया। जून 1931 में रेमोंड को नेवल वार कॉलेज में प्रशिक्षक बनाया गया। अगले साल उसे कैप्टन बना दिया गया। मई 1933 में उसे एक जहाजी बेड़े का संचालक बनाया गया। फिर रेमोंड ने नेवल वार कॉलेज में सन् 1938 तक प्रशिक्षण दिया।

रेमोंड को युद्धपोत 'यू.एस.एस. मिसीसिपी' की जिम्मेदारी सौंपी गई। यूरोप में द्वितीय विश्व युद्ध छिड़ गया।

फरवरी 1940 में रेमोंड को दसवें नौसेना जिले की कमान सौंपी गई। जुलाई 1941 में उसकी जिम्मेदारी बढ़ा दी गई और कैरेबियन समुद्र के मोरचे की निगरानी का काम भी उसे सौंपा गया। इस दौरान उसने अमेरिकी जहाजों को जर्मन युद्धपोतों से बचाने के लिए ठोस उपाय किए।

सितंबर 1941 में रेमोंड को 'क्रूजर डिवीजन फाइव' की जिम्मेदारी सौंपी गई। प्रशांत महासागर की यात्रा करते हुए वह उस स्थान पर तब मौजूद था, जब 7 दिसंबर को जापान ने पर्ल हार्बर पर हमला कर दिया और फिर अमेरिका भी विश्व युद्ध में शामिल हो गया।

संघर्ष के शुरुआती हफ्तों में रेमोंड के युद्धपोतों ने वेक आइलैंड पर हमला करने से पहले गिलबर्ट और मार्शल आइलैंड पर वाइस एडमिरल विलियम हाल्सी के नेतृत्व में हमले किए। फिर मिडवे आइलैंड पर हमला किया गया। 4 जून को रेमोंड के युद्ध-कौशल की वजह से जापानी लड़ाकू विमानों को शिकस्त का सामना करना पड़ा और इसके लिए रेमंड को 'सर्विस मेडल' देकर सम्मानित किया गया।

अगस्त 1943 में रेमोंड वाइस एडमिरल बन चुका था और मध्य प्रशांत सेना का संचालन कर रहा था। नवंबर 1943 में तरावा के युद्ध के दौरान उसने मित्र देशों की सेना को आगे बढ़ने में मदद की।

31 जनवरी, 1944 को मार्शल आइलैंड के क्वाजालेन पर हमला किया

गया। अभियान को सफलतापूर्वक संचालित करने की वजह से फरवरी में रेमोंड को एडमिरल बना दिया गया। उसी महीने रेमोंड की देख-रेख में 'ऑपरेशन हेलस्टोन' चलाकर ट्रूक में स्थित जापानी बेस पर बम बरसाए गए।

इस हमले के दौरान जापान के 12 युद्धपोत, 32 वाणिज्यिक पोत और 249 विमान नष्ट हो गए।

सन् 1944 के मध्य भाग में रेमोंड ने मरियानास आइलैंड पर अभियान चलाया। कुछ दिनों के बाद ही रेमोंड ने 15 जून को सैपान में अपने सैनिकों को उतारकर फिलीपीन समुद्री युद्ध में वाइस एडमिरल जिसाबुरो ओजावा को पराजित किया।

इस युद्ध में जापान के 3 विमानवाहक पोत और लगभग 600 विमान नष्ट हो गए। इस शिकस्त की वजह से जापानी नौसेना की हवाई हमले की शक्ति खत्म हो गई।

इस अभियान के बाद रेमोंड ने इवोजिमा पर कब्जा करने की योजना बनाई। 19 फरवरी को इवोजिमा की लड़ाई शुरू हो गई। जापानी सेना ने एक महीने तक युद्ध किया, मगर जीत अंततः अमेरिका की हुई।

जून में ओकीनावा पर जीत हासिल करने के बाद जापान पर हमला करने की नए सिरे से योजना बनाई।

रेमोंड अपनी योजना पर अमल नहीं कर पाया, क्योंकि अगस्त में जापान पर परमाणु बम बरसाकर अमेरिका ने युद्ध का समापन कर दिया था।

अपनी वीरता और युद्ध-कौशल के लिए रेमोंड को 'नेवी क्रॉस' से सम्मानित किया गया। 13 दिसंबर, 1969 को रेमोंड का देहांत हो गया।

□

विनफील्ड स्कॉट

(Winfield Scott)

(सन् 1786–1866)

विनफील्ड स्कॉट का जन्म 13 जून, 1786 को पीटर्सबर्ग के पास एक पारिवारिक कृषि फार्म में हुआ था। विलियम एंड मेरी कॉलेज से स्कॉट ने पढ़ाई पूरी की और सन् 1806 में वकालत का पेशा शुरू किया। मगर जल्द ही उसे वकालत के पेशे से ऊब महसूस होने लगी।

दो साल बाद उसे इस आधार पर अमेरिकी सेना में कैप्टन के पद पर कार्य करने का मौका मिल गया कि उसने पहले वर्जीनिया मिलिशिया की सेवा की थी। उसकी नियुक्ति थलसेना में की गई और उसे न्यू ऑर्लियंस में भ्रष्ट ब्रिगेडियर जनरल जेम्स विलकिंसन के अधीन काम करना पड़ा।

सन् 1810 में विलकिंसन के खिलाफ अमर्यादित टिप्पणी करने के आरोप में स्कॉट का कोर्ट मार्शल किया गया और उसे एक साल के लिए निलंबित कर दिया गया।

सन् 1811 में स्कॉट फिर सेना में लौट आया और उसने ब्रिगेडियर जनरल वेड हैंपटन के सहायक के तौर पर उत्तर की यात्रा की। वाशिंगटन पहुँचने पर उन्हें पता चला कि ब्रिटेन के साथ जंग का ऐलान हो चुका था।

युद्ध की स्थिति में सेना का विस्तार किया गया और स्कॉट को लेफ्टिनेंट कर्नल का पद सौंपा गया। उसे फिलाडेल्फिया में दूसरी बटालियन की कमान सौंपी गई। जब उसे पता चला कि मेजर जनरल स्टीफन वेन रेनसेलर कनाडा पर हमले की तैयारी कर रहा था, तब उसने वरिष्ठ अधिकारियों से उस

अभियान में अपनी रेजीमेंट के साथ भाग लेने की इजाजत माँगी। इजाजत मिलते ही स्कॉट अपनी रेजिमेंट के साथ 4 अक्तूबर, 1812 को मोरचे पर पहुँच गया।

युद्ध में कई तरह की शर्मनाक परिस्थितियों का सामना करने के बाद युद्ध मामलों के सचिव जॉन आर्मस्ट्रांग ने सन् 1814 के अभियान के लिए सेना के वरिष्ठ पदों पर भारी फेर-बदल किया था।

इससे पहले स्कॉट ने 13 अक्तूबर, 1812 को क्वीनस्टोन हेट्स के युद्ध में भाग लिया था। युद्ध के अंत में एक जीते गए पोत पर स्कॉट को सवार कर बोस्टन जाने के लिए कहा गया था। यात्रा के दौरान उसने कई आयरिश-अमेरिकी बंदियों की जान बचाई थी, जिन्हें ब्रिटिश गद्दार बताकर मार देना चाहते थे।

मई 1813 में स्कॉट को कर्नल बना दिया गया। उस दौरान उसने फोर्ट जॉर्ज पर कब्जा करने में अहम भूमिका का निर्वाह किया। मोरचे पर वीरतापूर्वक लड़ रहे स्कॉट को मार्च 1814 में ब्रिगेडियर जनरल बना दिया गया।

सन् 1814 के अभियान की तैयारी करते हुए स्कॉट मेजर जनरल जैकब ब्राउन के अधीन काम कर रहा था। उसने 'फ्रेंच रिवॉल्यूशनरी आर्मी' के 1791 के ड्रिल मैन्युअल का अनुकरण करते हुए फर्स्ट ब्रिगेड के सैनिकों को प्रशिक्षित किया और कैंपों की दशा में सुधार किया।

अपने ब्रिगेड के साथ रणक्षेत्र में उतरते हुए स्कॉट ने 5 जुलाई को चिप्पावा का युद्ध निर्णायक तरीके से जीत लिया।

25 जुलाई को लुंडीज लेन के युद्ध में स्कॉट का कंधा बुरी तरह जख्मी हो गया। इसके बाद वह मोरचे पर लड़ नहीं पाया।

जख्म ठीक हो जाने के बाद देश भर में स्कॉट की पहचान युद्ध के सर्वाधिक सक्षम अधिकारी के रूप में कायम हो गई। वह स्थायी रूप से ब्रिगेडियर जनरल बना रहा।

स्कॉट ने तीन वर्षों का अवकाश लिया और यूरोप की यात्रा की। अपने विदेश प्रवास के दौरान स्कॉट कई प्रभावशाली हस्तियों से मिला।

सन् 1816 में अमेरिका लौटने के बाद स्कॉट ने रिचमंड में मारिया मेचो

के साथ विवाह किया। शांतिकाल में उसने कई महत्त्वपूर्ण पदों पर काम किया।

सन् 1831 के मध्य में स्कॉट का नाम तब सुर्खियों में आया, जब राष्ट्रपति एंड्रयू जैकसन ने उसे 'ब्लैक हॉक युद्ध' में मदद करने के लिए पश्चिम के मोरचे पर तैनात किया।

बफेलो की तरफ रवाना होते समय स्कॉट अपने साथ एक राहत दल को लेकर गया था। शिकागो के करीब पहुँचते-पहुँचते राहत दल के ज्यादातर सदस्य हैजे की चपेट में आ गए थे। विलंब होने के कारण स्कॉट युद्ध लड़ने में मदद नहीं कर सकता था, मगर उसने शांति बहाली के लिए मध्यस्थता करने में अहम भूमिका निभाई।

सन् 1841 में मेजर जनरल अलेक्जेंडर मेकोंब का निधन होने के बाद स्कॉट को मेजर जनरल और अमेरिकी सेना का सेनाध्यक्ष बना दिया गया।

जब सन् 1846 में मेक्सिको-अमेरिका युद्ध शुरू हुआ, स्कॉट अपने सैनिकों के साथ दुश्मन के समुद्र-तट पर जा पहुँचा और एक विशाल सेना के विरुद्ध छह लड़ाइयाँ लड़ीं और जीत हासिल की। उसने मेक्सिको की राजधानी पर कब्जा कर लिया।

स्कॉट की विजय के कारनामे सुनकर ड्यूक ऑफ वेलिंगटन ने उसे 'अमेरिका का महानतम जीवित जनरल' कहकर संबोधित किया था।

स्वदेश लौटने के बाद स्कॉट सन् 1852 तक सेनाध्यक्ष के पद पर कार्य करता रहा। राष्ट्रपति पद के चुनाव में उसे उम्मीदवार बनाया गया, मगर दासता-विरोधी अपने विचारों के कारण वह चुनाव हार गया।

29 मई, 1866 को स्कॉट का देहांत हो गया।

□

विलियम विजयी

(William the Conqueror)

(सन् 1028–1087)

इंग्लैंड के शासक विलियम विजयी ने सन् 1066 से लेकर 1087 में अपनी मृत्यु के समय तक जो नीतियाँ अपनाईं, उन्हीं के चलते इंग्लैंड यूरोप का सर्वाधिक शक्तिशाली राष्ट्र बनकर उभर पाया।

8 वर्ष की उम्र में विलियम विजयी को नॉर्मंडी का ड्यूक बनाया गया। उसके शासन के शुरुआती वर्षों में हिंसा फैली, मगर फ्रांस के राजा हेनरी प्रथम की सहायता से विलियम ने शुरुआती वर्षों में अपनी गद्दी की सुरक्षा की।

वह निरक्षर था और अंग्रेजी बोलना नहीं जानता था, मगर अंग्रेजी भाषा के प्रचार-प्रसार में उसने प्रभावशाली भूमिका का निर्वाह किया था।

विलियम का जन्म फ्रांस के नॉर्मंडी के फ्लाइस नामक स्थान पर हुआ था। वह नॉर्मांडी के ड्यूक रॉबर्ट प्रथम की अवैध संतान था। सन् 1035 में जेरूशलम की तीर्थ यात्रा से वापस लौटते समय रॉबर्ट प्रथम की मृत्यु हो गई थी।

इस तरह महज 8 साल की उम्र में ही विलियम नॉर्मांडी को नया ड्यूक बना दिया गया था। उसके शासनकाल के आरंभिक वर्षों में हिंसा और भ्रष्टाचार का बोलबाला रहा था। सामंतों के बीच वर्चस्व को लेकर लड़ाई छिड़ गई थी।

चरम अराजकता की स्थिति में जहाँ विलियम के कुछ अंगरक्षक मारे गए थे, वहीं उसके शिक्षक की भी हत्या कर दी गई थी। उस दौरान फ्रांस के राजा हेनरी प्रथम की सहायता से विलियम अपने वजूद को बचाए रखने में सफल हो पाया था।

सन् 1042 में 14 वर्षीय विलियम को राजा ने 'नाइट' बना दिया। विलियम अब राजनीतिक घटनाक्रम के बीच दृढ़ता का परिचय देने लगा। उसने ड्यूक के पद के अधिकारों का प्रयोग करना भी सीख लिया (हालाँकि अवैध संतान होने के नाते उसके दुश्मन उसे 'हरामी' कहकर संबोधित करते रहे थे)।

सन् 1064 तक उसने युद्ध लड़ते हुए दो पड़ोसी प्रांतों ब्रिटनी और मैने पर अधिकार कर लिया। इसी दौरान इंग्लैंड के निस्संतान राजा एडवर्ड ने, जिसकी माता विलियम के दादा की बहन थी, ने विलियम को अपना उत्तराधिकारी बनाने का वादा किया।

लेकिन सन् 1066 में जब एडवर्ड की मौत हो गई, तब उसके बहनोई और इंग्लैंड के सर्वाधिक ताकतवर सामंत हेरॉल्ड गुडविन ने इंग्लैंड के सिंहासन पर अपना दावा ठोंक दिया, जबकि वह स्वयं भी विलियम को राजा बनाने की सौगंध पहले खा चुका था।

इंग्लैंड के सामंतों की प्रतिनिधि संस्था 'विटन' ने भी हेरॉल्ड के दावे का समर्थन किया। सामंतों की वह संस्था उत्तराधिकार संबंधी विवादों का निपटारा करती थी।

विलियम इस बात से क्षुब्ध हो उठा। उसने इंग्लैंड पर हमला कर सत्ता हासिल करने का निश्चय किया।

विलियम ने फ्रेंच समुद्र-तट पर थल सेना और नौसेना को संगठित किया, मगर उत्तर की तरफ से चलनेवाली तेज हवा के चलते कई सप्ताह तक वह अपने अभियान को शुरू नहीं कर पाया।

इसी दौरान नॉर्वेजियन सेना ने उत्तरी समुद्र के रास्ते से इंग्लैंड पर हमला कर दिया। अब तक हेरॉल्ड दक्षिण की तरफ से होनेवाले विलियम के आक्रमण से निपटने की तैयारी में जुटा हुआ था। उसने तेजी से अपनी सेना को उत्तर की तरफ नॉर्वे की सेना का मुकाबला करने के लिए भेज दिया।

नॉर्वे की सेना को पराजित करने के बाद हेरॉल्ड ने अपनी सेना को जरा भी विश्राम लेने का मौका नहीं दिया और सीधे विलियम की सेना पर आक्रमण करने का आदेश दिया।

14 अक्तूबर, 1066 को हेस्टिंग्स के मैदान में दोनों सेनाओं के बीच

युद्ध हुआ। युद्ध के दौरान हेरॉल्ड अपने दो भाइयों के साथ मारा गया। अब विलियम का रास्ता रोकने के लिए कोई प्रतिद्वंद्वी नहीं रह गया था। सिंहासन तक पहुँचने का उसका मार्ग प्रशस्त हो गया। क्रिसमस के अवसर पर उसे इंग्लैंड का राजा बनाया गया।

अगले पाँच वर्षों में कई विद्रोह हुए। ऐसे विद्रोहों को कुचलते हुए विलियम विजयी ने इंग्लिश भूमि का एकत्रीकरण करने और अपना वर्चस्व स्थापित करने का सिलसिला जारी रखा।

विलियम विजयी के शासनकाल में कई तरह के परिवर्तन हुए। उसने 'ड्रम्स डे बुक' तैयार करने का निर्देश दिया। इस तरह इंग्लैंड में पहली बार जनगणना का काम किया गया।

विलियम ने कई भवनों का निर्माण करवाया। उसने लंदन के प्रसिद्ध टावर का निर्माण करवाया। उसने नॉर्मन-फ्रेंच को अदालती भाषा के रूप में मान्यता दी। एंग्लो-सेक्शन, जो बाद में अंग्रेजी कहलाई, अगले 300 वर्षों तक केवल आम जनता की भाषा बनी रही।

विलियम के चार पुत्र और छह पुत्रियाँ थीं। 9 सितंबर, 1087 को विलियम विजयी का देहांत हो गया। उसका छोटा भाई विलियम रुफूस इंग्लैंड का राजा बना। उसके बड़े बेटे को नॉर्मंडी का ड्यूक बनाया गया। जब विलियम रुफूस का देहांत हो गया, तब विलियम विजयी का छोटा बेटा हेनरी इंग्लैंड का राजा बना।

□

समुद्री जाति

(ई.पू. 1200–ई.पू. 1100)

समुद्री छापामारों के एक समूह को 'समुद्री जाति' कहा जाता है। उन लोगों ने ई.पू. 1200 से लेकर ई.पू. 1100 के बीच भूमध्यसागरीय इलाके के समुद्र-तटीय नगरों पर हमले किए थे और उनपर अधिकार कर लिया था। उन्होंने मिस्र को खासतौर पर अपना निशाना बनाया था।

समुद्री जाति की राष्ट्रीयता को लेकर आज तक रहस्य बना हुआ है और उनका उल्लेख केवल मिस्र के युद्ध संबंधी ग्रंथों में उपलब्ध है। उन ग्रंथों में लिखा गया है—"वे लोग अपने युद्धपोत में सवार होकर समुद्री मार्ग से आते हैं और उनका कोई भी मुकाबला नहीं कर सकता।"

समुद्री जाति में जो जनजातियाँ शामिल थीं, उनका उल्लेख अनुमान के आधार पर शेरदन, शेकलेश, लुक्का, तुर्शा और अकादाशा के रूप में किया गया है।

मिस्र के बाहर वे लोग हिताइत साम्राज्य, लेवेंट और भूमध्यसागरीय अन्य नगरों पर भी हमले करते थे। उनका उद्‌गम और उनकी पहचान इट्रूस्कन/ ट्रोजन, फिलीस्तीन, माइसेनियन और मिनोअन बताई जाती रही है और विवाद भी होता रहा है। किंतु निश्चित नतीजे पर पहुँचने के लिए पर्याप्त साक्ष्य उपलब्ध नहीं हैं।

रमेसेस द्वितीय ने ई.पू. 1274 के कादेश युद्ध का विवरण लिखते हुए समुद्री जाति को हिताइत साम्राज्य का सहयोगी बताया है। उसने लिखा है कि अपने शासनकाल के दूसरे वर्ष उसने मिस्र में समुद्री युद्ध में समुद्री जाति

को पराजित किया था।

रमेसेस ने चतुराई से काम लेते हुए समुद्री जाति के लोगों के युद्धपोतों, सामानों से लदे जहाजों को नील नदी के मुहाने तक आने दिया था और शुरू में छोटे समुद्री बेड़े के साथ हमला किया था और फिर पीछे की तरफ से जोरदार आक्रमण करते हुए उनके युद्धपोतों को नष्ट कर दिया था।

इस युद्ध में केवल शेरदन समुदाय के लोग समुद्री जाति की तरफ से शामिल हुए थे और युद्ध खत्म होने के बाद उनमें से कई रमेसेस की सेना में शामिल हो गए तथा कई रमेसेस के अंगरक्षक बन गए थे।

रमेसेस के उत्तराधिकारी मर्नेपताह को भी समुद्री जाति के हमलों का सामना करना पड़ा था। नील डेल्टा पर हमले करने के लिए समुद्री जाति ने लीबिया के साथ मैत्री कर ली थी।

इतिहास के इस मोड़ पर आकर संभवत: समुद्री जाति मिस्त्र में स्थायी रूप से बसने के बारे में सोचने लगी थी। वे लोग हमलों के दौरान भारी मात्रा में घरेलू सामान और भवन-निर्माण सामग्रियाँ जुटाने में सफल हुए थे।

मिस्त्र के ग्रंथों में उल्लेख मिलता है कि मर्नेपताह ने पीयेट के युद्ध में समुद्री जाति को पराजित करने के लिए ईश्वर की उपासना करते हुए उपवास रखा था और काफी सोच-समझकर अपनी रणनीति तैयार की थी।

युद्ध के मैदान में मिस्त्र के घुड़सवारों, तीरंदाजों और पैदल सैनिकों ने समुद्री जाति के 6,000 लोगों की हत्या कर दी थी और लीबिया राजपरिवार के सदस्यों को बंधक बना लिया था।

फरोआ रमेसेस तृतीय के शासनकाल में (1194-1163 ई.पू.) मिस्त्र के वाणिज्यिक केंद्र कादेश (आधुनिक सीरिया) पर हमला कर समुद्री जाति ने उसे नष्ट कर दिया था। वे लोग समुद्र-तट के इलाके पर तेजी से हमले करते थे और आगे बढ़ते जाते थे।

रमेसेस तृतीय ने समुद्री जाति को ई.पू. 1180 में पराजित किया, मगर वे नए सिरे से संगठित हो गए।

समुद्री जाति को शिकस्त देने के लिए रमेसेस तृतीय ने फिर समुद्र-तट और नील नदी में मोरचाबंदी की। उसने तीरंदाजों को इस युद्ध के लिए खासतौर

पर तैयार किया। तीरंदाजों को समुद्र-तट पर छिपकर रहने के लिए और इशारा मिलते ही जहाजों पर तीरों की बरसात करने के लिए कहा गया था।

इसी तरह युद्ध शुरू हो गया और समुद्री जाति के जहाजों में जलते हुए तीर चलाकर आग लगा दी गई। ई.पू. 1178 में समुद्री जाति को बुरी तरह शिकस्त का सामना करना पड़ा।

मिस्र के ग्रंथों में उस युद्ध में रमेसेस तृतीय की विजय का गौरवपूर्ण वर्णन किया गया है और बताया गया है कि युद्ध के दौरान भारी तादाद में समुद्री जाति के लोग मारे गए। जो बचे रह गए, उन्हें मिस्र की सेना में शामिल कर लिया गया या गुलाम बनाकर बेच डाला गया।

रमेसेस तृतीय से पराजित होने के बाद समुद्री जाति का वजूद संभवत: इतिहास में खत्म हो गया। जो लोग बचे रह गए, वे धीरे-धीरे मिस्र की संस्कृति में घुल-मिल गए।

इस बात का कोई उल्लेख इतिहास में नहीं मिलता है कि समुद्री जाति के लोग किस देश के रहनेवाले थे। इसी तरह इस बात का भी कोई उल्लेख नहीं मिलता कि ई.पू. 1178 की पराजय के बाद उनका अस्तित्व रह पाया या नहीं।

लेकिन इस बात में कोई संदेह नहीं कि एक सौ वर्षों तक भूमध्यसागरीय क्षेत्र में समुद्री जाति के लोगों का दबदबा बना रहा था। समुद्री जाति के अभियानों का नेतृत्व करनेवाले योद्धाओं का भी कोई उल्लेख नहीं मिलता; लेकिन उन लोगों ने विभिन्न समुदायों के लड़ाकों को एकत्रित कर शक्तिशाली सेना बनाई थी। वे भले ही मिस्र पर अधिकार कर पाने में सफल नहीं हो पाए, लेकिन उनके सैन्य अभियान मानव इतिहास में सदा के लिए दर्ज होकर रह गए।

□

सर्गोन द ग्रेट

(Sargon the Great)

(ई.पू. 2334– ई.पू. 2279)

सर्गोन द ग्रेट को 'सर्गोन ऑफ अक्कड' या 'सर्गोन प्रथम' कहकर भी पुकारा जाता है। वह इतिहास का तीसरा सम्राट् और बहुजातीय साम्राज्य का पहला विजेता था।

उसके बारे में अधिकतर प्रामाणिक जानकारियाँ उपलब्ध नहीं हैं और दंतकथाओं में ही उसका उल्लेख मिलता है। कल्पना और हकीकत में ऐसा घालमेल मिलता है कि तथ्यों को पहचानना कठिन हो जाता है।

सुमेरियाई ग्रंथों में 'सर्गोन लीजेंड' शीर्षक के तहत सर्गोन के जीवन का वर्णन उपलब्ध है; मगर ग्रंथ के अंश लुप्त हो चुके हैं और कम पाठ्य सामग्री ही उपलब्ध है।

सर्गोन द ग्रेट ने 56 सालों तक शासन किया। उसने मेसोपोटामिया के सारे नगरों पर कब्जा कर लिया और एक ऐसे साम्राज्य की स्थापना की, जिसकी सीमा आधुनिक ईरान, तुर्की और सीरिया तक फैली हुई थी।

कुछ विद्वान् उसके शासनकाल का समय ई.पू. 3800 बताते हैं, वहीं कुछ विद्वान् मानते हैं कि उसने ई.पू. 2334 से लेकर ई.पू. 2279 तक शासन किया था।

मेसोपोटामिया (आधुनिक इराक) को सुमेरियाई लोगों ने बसाया था। वे लोग ऐसी भाषा बोलते थे, जो अन्य समुदायों के लोग समझ नहीं पाते थे। उन्होंने तिगटिस नदी और यूफरेट्स नदी के किनारे सिंचाई की व्यवस्था की

तथा नगरों व राज्यों की स्थापना की। एक-दूसरे के विरुद्ध लड़ने के अलावा उन्होंने मरुभूमि सेमाइट्स लोगों के साथ लड़ाइयाँ लड़ीं।

सेमाइट्स समुदाय में ही सर्गोन का जन्म किश नगर में हुआ था। एक किंवदंती के अनुसार, उसकी माता या तो एक राजकुमारी थी या भिक्षुणी थी। सर्गोन के पिता के नाम का उल्लेख नहीं मिलता। संभवत: उसके माता-पिता का विवाह नहीं हो पाया था, क्योंकि उसके जन्म के तुरंत बाद उनकी माता ने उसे एक टोकरी में डालकर यूफरेट्स नदी में बहा दिया था।

अक्की नामक एक माली ने नदी में बहते हुए बच्चे को बरामद किया और उसका पालन-पोषण किया। सर्गोन ने शुरू में माली के रूप में ही काम किया। फिर वह अर-जबाबा नामक महत्त्वाकांक्षी सामंत का सहायक बन गया। अर-जबाबा जल्द ही किश नगर का राजा बन गया।

किंवदंती के अनुसार, एक रात सपने में देवी इनाना ने सर्गोन को बताया कि वह उसकी मदद करती रहेगी और फिर देवी ने अर-जबाबा को मार डाला। जागने पर सर्गोन ने सपने के बारे में अर-जबाबा को बता दिया।

अर-जबाबा ने एक संदेश के साथ सर्गोन को लुगल-जागे-सी नामक एक सुमेरियाई राजा के पास भेज दिया, जिसने मेसोपोटामिया के कई नगरों पर कब्जा कर रखा था।

अर-जबाबा ने लुगल-जागे-सी को कूट संदेश भेजा था कि जैसे ही संदेश वाहक युवक उसके पास पहुँचे, वह उसकी हत्या कर दे। अर-जबाबा ऐसे युवक को जीवित नहीं देखना चाहता था, जिसकी सहायता स्वयं देवी करना चाहती थीं।

किन्हीं कारणों से लुगल-जागे-सी ने सर्गोन की हत्या नहीं की। बाद में सर्गोन ने लुगल-जागे-सी को पराजित कर दिया और अपने साम्राज्य का निर्माण शुरू कर दिया।

सम्राट् बनने के बाद सर्गोन ने समूचे सुमेरिया क्षेत्र पर अपने अधिकार को प्रतीकात्मक रूप से प्रदर्शित करने के लिए पर्सियन खाड़ी में अपने हाथों को धोया।

सर्गोन ने अक्कड शहर की स्थापना की और उसे अपनी राजधानी का

दर्जा प्रदान किया।

सर्गोन ने यूफरेट्स नदी के पश्चिमी इलाके पर कब्जा कर लिया। उसकी सेना दक्षिण में सिनाई पेनिनसुला तक और उत्तर में केपाडोलिया की पहाड़ियों तक बढ़ती चली गई।

उसने दक्षिणी ईरान के इलेमाइट्स लोगों को युद्ध में पराजित कर दिया। इसके साथ ही सर्गोन को 'पृथ्वी के चार कोनों के सम्राट्' की उपाधि प्रदान की गई।

अपने नगर राज्य में सर्गोन ने सुमेरियाई लोगों को प्रशासन में भाग लेने का कोई मौका नहीं दिया।

अक्कड नगर के निवासियों को ज्यादातर प्रशासनिक कार्यों के लिए तैनात किया गया था। इसके साथ ही उसके साम्राज्य की प्रमुख भाषा अक्कडीयन बन गई थी।

सर्गोन का साम्राज्य ई.पू. 2095 तक कायम रहा, जब उसके पोते नरम-सिन का शासन रहा था।

बाद में गृह युद्ध और ईरान के पर्वतीय कबाइलियों के हमलों के चलते अक्कडीयन साम्राज्य का पतन हो गया।

□

सलाउद्दीन
(Salahuddin Al-Ayyubi)
(सन् 1138-1193)

सलाउद्दीन एक मुसलिम सैन्य एवं राजनीतिक नेता था, जिसने धर्म युद्धों के दौरान सुलतान के रूप में इसलामी सेनाओं का नेतृत्व किया। सलाउद्दीन ने सन् 1187 में हट्टिन के युद्ध में यूरोपीय धर्म-योद्धाओं को पराजित कर महान् विजय हासिल की थी।

इसी युद्ध के परिणामस्वरूप जेरूशलम और पूर्व के अन्य पवित्र नगरों पर इसलामी सेनाओं ने नए सिरे से अपना आधिपत्य कायम किया था।

परवर्ती तीसरे धर्म-युद्ध में सलाउद्दीन इंग्लैंड के राजा रिचर्ड के नेतृत्व में आने वाली सेना को पराजित नहीं कर पाया था और इस तरह उसे जीते गए अधिकतर इलाकों से हाथ धोना पड़ा था।

इसके बावजूद वह रिचर्ड प्रथम के साथ एक संधि करने में सफल हुआ था। इस संधि के जरिए जेरूशलम को मुसलिमों के अधीन रहने दिया गया था।

4 जुलाई, 1187 को सलाउद्दीन की मुसलिम सेना ने फिलीस्तीन के हट्टिन नामक स्थान पर हुए धर्म-युद्ध में निर्णायक विजय हासिल की थी और जेरूशलम के शासक को बंदी बना लिया था। दो से अधिक सामंतों को पकड़कर मार डाला गया था और बाकी पकड़े गए ईसाई सैनिकों को गुलाम बनाकर बेच दिया गया था।

सलाउद्दीन का जन्म एक कुर्दिश सुन्नी परिवार में हुआ था। बचपन से

उसे सैन्य पृष्ठभूमि में पलने-बढ़ने का मौका मिला था।

सलाउद्दीन ने कम समय के भीतर ही मुसलिम समाज में अपना स्थान सीरियाई उत्तरी मेसोपोटामियाई सैन्य नेता नूर अलदीन के सहायक के रूप में बना लिया था। मिस्र में (जहाँ शिया फातीमिद वंश का शासन था) सलाउद्दीन तीन सैन्य अभियानों में शामिल हुआ था और सन् 1169 में उसे सेनापति बना दिया गया था।

जब उसे कैरो में शिया खलीफा का वजीर नियुक्त किया गया तो उसने सहारा क्षेत्र में तैनात फातीमिद की सेना का सफाया कर अपनी स्थिति मजबूत कर ली थी। सन् 1171 में सलाउद्दीन ने फातीमिद वंश के शासन का खात्मा कर दिया। इस बीच नूर अलदीन सलाउद्दीन पर दबाव बना रहा था कि वह उसे धन और सेना की आपूर्ति करे। सलाउद्दीन ने उसकी बात मानने से इनकार कर दिया था। सन् 1174 में नूर अलदीन की मौत हो जाने के कारण दोनों के बीच टकराव टल गया था।

हालाँकि सलाउद्दीन को वित्तीय मदद मिस्र से मिलती रही थी, मगर उसने सन् 1174 के बाद नील नदी घाटी में ज्यादा वक्त नहीं गुजारा था।

सलाउद्दीन के एक समकालीन लेखक ने लिखा है कि सलाउद्दीन ने मिस्र के धन का इस्तेमाल सीरिया पर आक्रमण करने के लिए किया, सीरिया के धन का इस्तेमाल उत्तरी मेसोपोटामिया पर विजय हासिल करने के लिए किया और फिर उत्तरी मेसोपोटामिया के धन का इस्तेमाल धर्म-योद्धाओं से मुकाबला करने के लिए किया।

सन् 1174 से 1187 तक सलाउद्दीन लगातार दूसरे मुसलिम शासकों से युद्ध करता रहा। इस दौरान उसने अलेप्पो, दमासकस, मेसुल और अन्य नगरों पर कब्जा कर लिया।

उसने अपने परिवार के सदस्यों को प्रशासन के ऊँचे पदों पर नियुक्त किया। इस तरह उसने अयुबिद साम्राज्य की स्थापना की, जिसका नियंत्रण मिस्र, सीरिया एवं यमन जैसे देशों पर था।

इसी दौरान वह धर्म-योद्धाओं से संधि करने का प्रयास भी करता रहा था। वह इस तरह के टकरावों को टालकर अपनी सेना का उपयोग मुसलिम

शासकों को पराजित करने के लिए करना चाहता था।

आधुनिक इतिहासकारों के बीच सलाउद्दीन की महत्ता को लेकर मतभेद बना रहा है। मगर समकालीन इतिहासकारों ने उसकी अहमियत को स्वीकार किया था।

सलाउद्दीन ने मध्य-पूर्व से लातिन तक राजनीतिक एवं सैन्य नियंत्रण को समाप्त करने के लिए एक धर्म-युद्ध लड़ा था। खासतौर पर जेरूशलम से उसने ईसाइयों के नियंत्रण को समाप्त कर दिया था।

हट्टिन के युद्ध के बाद सलाउद्दीन उस युग की सैन्य परंपरा के अनुसार तेजी से दुर्बल ईसाई केंद्रों पर धावा बोलने के लिए निकल पड़ा था। समर्पण करने की स्थिति में वह उदारतापूर्वक समझौता करता था, लेकिन समर्पण नहीं करने पर वह सख्ती के साथ आक्रमण करता था।

उसकी उदार नीति के चलते उसे अधिकतर नगरों को जीतने में किसी तरह की कठिनाई का सामना नहीं करना पड़ा था और अक्तूबर 1187 में उसने शांतिपूर्ण ढंग से जेरूशलम पर नियंत्रण कायम कर लिया था।

लेकिन उसकी उदार नीति के चलते उसके दुश्मनों को नए सिरे से संगठित होने का मौका मिल गया था और उन्होंने त्रिपोली के दक्षिण में टायर एवं असकेलोन नगरों पर कब्जा कर लिया था।

सलाउद्दीन ने सूझ-बूझ का परिचय देते हुए तीसरे धर्म-युद्ध के नेता रिचर्ड से संधि कर ली थी और प्रत्यक्ष युद्ध को टालकर जेरूशलम के साथ ही सीरिया और फिलिस्तीन पर मुसलिम नियंत्रण को कायम रखा था।

□

साइरस द ग्रेट

(Cyrus the Great)

(ई.पू. 576–ई.पू. 529)

सभी उसे 'कौरश' कहकर पुकारते थे, जिसका अर्थ 'चरवाहा' होता है। वे उसे ऐसा इसलिए नहीं संबोधित करते थे कि अनसन, परशुमाश के शासक केम्बीसस का यह पुत्र बड़ा होकर कभी भेड़ चराए, बल्कि उनका मानना था कि एक पर्सियन शासक सही अर्थों में अपनी प्रजा का पालक होता है।

इतिहास में वही बालक 'साइरस' के नाम से प्रसिद्ध हुआ। उसे यह नाम ग्रीक लोगों ने प्रदान किया था।

साइरस पर्सियन समुदाय का था। यह समुदाय काफी पहले ईरान में जाकर बस चुका था। उसके पिता जिस छोटे समुदाय पर शासन करते थे, वह ईरानी समुदाय मेदेस का ही एक अंग था। इस समुदाय के लोगों ने अनातोलिया तक मध्य एशिया में अपना वर्चस्व कायम कर लिया था।

साइरस के आरंभिक जीवन को लेकर कई दंतकथाएँ प्रचलित हैं। दंतकथा के अनुसार, साइरस की माता मेदेस के शासक एस्टीजेस की पुत्री मेनडेन थी। एस्टीजेस ने सपने में देखा कि उसका पौत्र उसे सिंहासन से हटा देगा।

उस समय मेनडेन गर्भवती थी। एस्टीजेस ने उसे महल में तब तक नजरबंद करके रखा, जब तक उसने पुत्र को जन्म नहीं दे दिया। फिर उसने अपने सबसे वफादार सेवक हरपेगस (महल का प्रभारी और सेनापति) को

आदेश दिया कि वह नवजात बच्चे को ले जाकर उसकी हत्या कर दे।

हरपेगस ने बच्चे की हत्या करने की जगह उसे एक भेड़पालक के घर में छोड़ दिया और एस्टीजेस को आकर बता दिया कि उसने बच्चे की हत्या कर दी है।

वर्षों बाद एस्टीजेस को असलियत का पता चला। उसने हरपेगस से सच बताने के लिए कहा। हरपेगस ने स्वीकार किया कि उसने बच्चे की हत्या नहीं की थी। एस्टीजेस ने क्रुद्ध होकर दंड के तौर पर हरपेगस को अपने ही पुत्र का मांस खाने के लिए मजबूर किया।

युवा साइरस ने पर्सियन जनजाति को एकजुट करना शुरू कर दिया। एस्टीजेस काफी चिंतित हो उठा। उसने साइरस को अपनी राजधानी एकबटाना में आने के लिए बुलावा भेजा। साइरस ने आने से इनकार कर दिया, क्योंकि वह समझ गया था कि उसे धोखा देने के लिए साजिश रची गई थी।

एस्टीजेस ने हरपेगस की अगुवाई में सेना को साइरस पर हमला करने के लिए भेजा। फिर सप्ताह भर बाद वह खुद भी सेना को साथ लेकर रवाना हो गया।

पहला मुकाबला बराबरी पर छूटा। साइरस के पास बेहतरीन सेना थी; मगर हरपेगस अनुभवी सेनापति था। लेकिन जैसे ही एस्टीजेस सेना के साथ लड़ने के लिए पहुँचा, हरपेगस ने साइरस का पक्ष लेते हुए लड़ना शुरू कर दिया।

साइरस और हरपेगस की सेना ने एकजुट होकर एस्टीजेस को बुरी तरह पराजित किया। फिर साइरस ने उस युग के लिहाज से एक विस्मयकारी फैसला लिया। उसने एस्टीजेस को जीवित छोड़ दिया और सुख-सुविधाओं के साथ जीवन-यापन करने का अधिकार दे दिया।

साइरस जानता था कि एक राजा को दयालु होना चाहिए। राजा को भेड़िया नहीं, बल्कि चरवाहा बनना चाहिए। उसने हरपेगस को अपना मंत्री बनाया।

लीडिया के राजा क्रोएसस ने जब साइरस पर हमला किया तो उसे बुरी तरह पराजित होना पड़ा। साइरस ने क्रोएसस को माफ करते हुए अपना

सलाहकार नियुक्त कर दिया।

एगियन के तट पर जिन शहरों पर क्रोएसस ने अधिकार किया था, साइरस ने उन सबको अपने साम्राज्य में शामिल कर लिया।

पर्सिया की उत्तरी और पूर्वी सीमा को सुरक्षित बनाया जा चुका था, मगर पश्चिम की तरफ से बेबीलोन साम्राज्य के हमले का खतरा बना हुआ था। साइरस ने बेबीलोन पर हमला कर उसके शासक को पराजित कर दिया और अपने पिछले दुश्मनों की तरह उसे भी माफ कर दिया।

बेबीलोन का सम्राट् चुने जाने के बाद साइरस ने एक घोषणा-पत्र जारी किया, जिसे दुनिया का सबसे पहला 'मानवाधिकार घोषणा-पत्र' माना जाता है। उस घोषणा-पत्र को मिट्टी से निर्मित एक पीपे पर अंकित किया गया था। उस पीपे को वर्तमान समय में लंदन के ब्रिटिश म्यूजियम में प्रदर्शित किया गया है।

जिन यहूदियों को बेबीलोन के पूर्व शासक ने कैद कर रखा था, साइरस ने उन सभी को आजाद करने और जेरूशलम लौटने की इजाजत देने की घोषणा की।

साइरस अपने विशाल साम्राज्य में हर तरह के अत्याचार का अंत करना चाहता था। मगर उसने महसूस किया कि इतने बड़े साम्राज्य में अमन बहाल रखना आसान काम नहीं था। पूरब की तरफ जब मासागाटी समुदाय के लोग स्थानीय लोगों पर हमले करने लगे तो उनका दमन करने के लिए साइरस अपनी सेना के साथ आगे बढ़ा। रणक्षेत्र में वह घायल हो गया। एक आदर्श चरवाहे की तरह वह अपनी भेड़ों की रक्षा करते हुए मारा गया।

□

सिकंदर

(Alexander the Great)

(ई.पू. 356–ई.पू. 323)

सिकंदर मैसेडोनिया का ग्रीक शासक था। वह अलेक्जेंडर तृतीय, अलेक्जेंडर द ग्रेट तथा अलेक्जेंडर मेसेडोनियन के नाम से भी जाना जाता है।

इतिहास में सिकंदर सबसे कुशल और यशस्वी सेनापति माना गया है। अपनी मृत्यु तक सिकंदर उस तमाम भूमि को जीत चुका था, जिसकी जानकारी प्राचीन ग्रीक लोगों को थी। इसलिए उसे 'विश्व-विजेता' भी कहा जाता है।

सिकंदर को सबसे पहले एक गणराज्य के प्रधान के विरोध का सामना करना पड़ा, जिसे यूनानी 'एस्टीज' कहते हैं। वह उस जाति का प्रधान था, जिसका नाम अस्टाकेनाई था। इस वीर सरदार ने अपने नगरकोट पर यूनानियों की घेराबंदी का पूरे 30 दिन तक मुकाबला किया और अंत में लड़ता हुआ मारा गया।

सिकंदर ने अपने जीवन काल में ईरान, सीरिया, मिस्त्र, मेसोपोटामिया, फिनीशिया, जुदेआ, गाफा, बैक्ट्रिया और भारत में पंजाब तक के प्रदेश पर विजय हासिल की थी। सिकंदर ने सबसे पहले ग्रीक राज्यों को जीता और फिर वह एशिया माइनर (आधुनिक तुर्की) की तरफ बढ़ा।

उस क्षेत्र पर उस समय फारस का शासन था। फारसी साम्राज्य मिस्त्र से लेकर पश्चिमोत्तर भारत तक फैला था। फारस के शाह दारा तृतीय को उसने तीन अलग-अलग युद्धों में पराजित किया। हालाँकि उसकी तथाकथित 'विश्व-

विजय' फारस विजय से अधिक नहीं थी, पर उसे शाह दारा के अलावा अन्य स्थानीय प्रांतपालों से भी युद्ध करना पड़ा था।

सिकंदर को मिस्र, बैक्ट्रिया तथा आधुनिक ताजिकिस्तान में स्थानीय प्रतिरोध का भी सामना करना पड़ा था।

भारत में सिकंदर का पुरु से युद्ध हुआ, जिसमें पुरु की हार हुई। भारत पर सिकंदर के आक्रमण के समय चाणक्य तक्षशिला में प्राचार्य थे। तक्षशिला और गंधार के राजा आंभि ने सिकंदर से समझौता कर लिया।

चाणक्य ने भारत की संस्कृति को विदेशियों से बचाने के लिए सभी राजाओं से आग्रह किया, किंतु सिकंदर से लड़ने कोई नहीं आया। पुरु ने सिकंदर से युद्ध किया, किंतु हार गया।

मगध के राजा महापद्मनंद ने चाणक्य का साथ देने से मना कर दिया और चाणक्य का अपमान भी किया। चाणक्य ने चंद्रगुप्त को साथ लेकर एक नए साम्राज्य की स्थापना की और सिकंदर द्वारा जीते गए राज्य पंजाब के राजदूत सेल्यूकस को हराया।

सिकंदर के आक्रमण के समय सिंधु नदी की घाटी के निचले भाग में शिविगण के पड़ोस में रहनेवाले एक गण का नाम अगलस्सोई था। सिकंदर जब सिंधु नदी के मार्ग से भारत से वापस लौट रहा था तो इस गण के लोगों से उसका मुकाबला हुआ था।

अगलस्सोई लोगों ने सिकंदर से जमकर लोहा लिया और उनके एक तीर से सिकंदर घायल भी हो गया। लेकिन अंत में विजय सिकंदर की ही हुई।

उसने मस्सग दुर्ग पर अधिकार कर लिया और भयंकर नर-संहार के बाद अगलस्सोई लोगों का दमन कर दिया।

16 वर्ष की उम्र में सेना का जनरल, 20 वर्ष की उम्र में सम्राट् बननेवाला और 33 वर्ष की उम्र में संसार के सबसे ताकतवर साम्राज्य का विजेता बननेवाला सिकंदर पूर्व और पश्चिम की दंत कथाओं का अहम किरदार बन गया।

सिकंदर ने साइरस के साम्राज्य से भी बड़े साम्राज्य पर कब्जा कर लिया

और ऐसा उसने कम समय के भीतर संभव कर दिखलाया। मगर केवल यह जीत ही इतिहास में सिकंदर की इकलौती उपलब्धि नहीं मानी जाती। उसने मध्य एशिया और भारत जैसे सुदूर इलाकों में ग्रीक सभ्यता का प्रचार-प्रसार भी किया, जो उस समय यूरोप की सबसे अधिक विकसित सभ्यता थी।

उसने अपने दरबार में पर्सियन संस्कृति की विशेषताओं को भी अपनाया।

सिकंदर को बचपन में सर्वश्रेष्ठ शिक्षा प्रदान की गई थी। मशहूर दार्शनिक अरस्तू सिकंदर के शिक्षक थे।

राजा बनते ही जहाँ सिकंदर ने अपने पिता फिलिप द्वितीय के हत्यारे को मृत्युदंड दिया था, वहीं ऐसे सभी प्रतिद्वंद्वियों को खत्म कर दिया था, जो उसकी राह में रुकावट बन सकते थे।

सिकंदर के जीवन का अंतिम समय काफी तकलीफदेह साबित हुआ। उसे बगावत का सामना करना पड़ा और नशे की हालत में उसने अपने एक सेनापति की हत्या कर दी। 33 वर्ष की अवस्था में बुखार से पीड़ित होने के कारण उसकी मृत्यु हो गई।

सिकंदर की मौत के बाद उसके सेनापतियों ने आपस में लड़ते हुए साम्राज्य का बँटवारा कर लिया।

□

सिमोन बोलीवर

(Simon Bolivar)

(सन् 1783-1830)

सिमोन बोलीवर का जन्म एक धनी आभिजात्य परिवार में उसी वर्ष हुआ, जिस वर्ष संधि के जरिए अमेरिकी क्रांति की समाप्ति हुई। सिमोन जल्द ही वेनेजुएला के क्रांतिकारी आंदोलन का एक नेता बन गया।

बोलीवर 9 वर्ष की उम्र में ही अनाथ हो गया था, मगर उसके अभिभावक ने उसकी शिक्षा-दीक्षा का श्रेष्ठ प्रबंध किया था।

बोलीवर के ऊपर रूसो के लेखन का गहरा प्रभाव पड़ा। वह 16 वर्ष की उम्र में स्पेन गया, जहाँ तीन साल बाद उसने एक कुलीन स्पेनिश युवती से विवाह कर लिया।

विवाह करने के बाद पति-पत्नी बोलीवर रियासत में लौटकर आए, जहाँ पहुँचते ही बोलीवर की पत्नी गंभीर रूप से बीमार हो गई। एक साल के अंदर ही उसकी मृत्यु हो गई। अपनी पीड़ा से उबरने के लिए बोलीवर जहाँ दार्शनिकों के ग्रंथों का अध्ययन करने लगा, वहीं उसने फ्रांस का भ्रमण भी किया।

फ्रांस पहुँचने के बाद वह क्रांतिकारी विचारों से अत्यंत प्रभावित हुआ। उसने इटली की यात्रा की और अमेरिका के रास्ते वेनेजुएला वापस लौटा। स्वदेश लौटकर वह उस आंदोलन में शामिल हो गया, जिसके परिणामस्वरूप वेनेजुएला के सुप्रीम जुंटा का अस्तित्व सामने आया।

जुंटा की तरफ से बताया गया कि उसकी स्थापना 'फर्डीनांड सप्तम के अधिकारों की सुरक्षा' सुनिश्चित करने के लिए की गई थी। लेकिन उसने

स्पेनिश लगानों का विरोध शुरू कर दिया, दास प्रथा को समाप्त कर दिया और कई विदेशी उत्पादों पर लगे कर को समाप्त कर दिया।

जुंटा ने बोलीवर को एक प्रतिनिधिमंडल के साथ इंग्लैंड भेजकर भविष्य में स्पेन के साथ होनेवाले संघर्ष के लिए मदद माँगी और अग्रणी क्रांतिकारी फ्रांसिस्को मिरांडा से लंदन का निर्वासित जीवन छोड़कर स्वदेश लौटने का अनुरोध किया।

सुप्रीम जुंटा ने वेनेजुएला को स्पेन के कब्जे से स्वतंत्र होने की घोषणा कर दी। वैसे, इस घोषणा को सभी तबके के लोगों का समर्थन नहीं मिला। जुंटा में केवल कुलीन वर्ग के लोग शामिल थे। समाज का निचला तबका राजशाही को पसंद करता था। उस तबके की नजरों में कुलीन वर्ग शोषकों का समूह था। निचले तबके को लगता था कि केवल राजशाही ही उसे कुलीनों के शोषण से बचा सकती थी।

उसी दौरान काराकस में आए भीषण भूकंप के बाद निचले तबके के लोगों को यकीन हो गया कि राजशाही का विरोध करने की वजह से ईश्वर कुपित हो गया था।

यह निचला तबका स्पेनिश सेना का समर्थन करने लगा और इस तरह बोलीवर, मिरांडा और उनकी सेना को शिकस्त का सामना करना पड़ा।

मिरांडा को बंदी बना लिया गया, मगर बोलीवर भागकर न्यू ग्रेनाडा (आधुनिक कोलंबिया) पहुँच गया। न्यू ग्रेनाडा में क्रांतिकारियों की गतिविधियाँ चल रही थीं, मगर उनके बीच एकता का अभाव था। एक पक्ष जहाँ परिसंघ के कानून के तहत अमेरिका की तरह संघीय सरकार का समर्थन कर रहा था, वहीं दूसरा पक्ष एक मजबूत केंद्रीय सरकार का समर्थन कर रहा था।

बोलीवर न्यू ग्रेनाडा यूनीटेरियन आर्मी में कर्नल के रूप में शामिल हो गया। स्पेनिश सेना के विरुद्ध कई अभियानों में जीतने के बाद उसे जनरल बना दिया गया।

बोलीवर सेना की एक टुकड़ी लेकर वेनेजुएला पहुँचा। वह वेनेजुएला को स्वतंत्र कर उसका न्यू ग्रेनाडा के साथ एकत्रीकरण करते हुए 'कोलंबिया' नामक एक नए गणतंत्र की स्थापना करना चाहता था।

वेनेजुएला में भीषण युद्ध छिड़ गया। दोनों ही पक्षों ने एक-दूसरे के बंदियों को यंत्रणाएँ देना और मारना शुरू कर दिया।

बोलीवर को तब तक सफलता मिलती रही जब तक वेनेजुएला के काउब्वॉय इलेनेरस उसका समर्थन करते रहे। फिर वे उसके दुश्मन बन गए। एक बार फिर बोलीवर को वेनेजुएला छोड़कर भागने के लिए विवश होना पड़ा।

बोलीवर भागकर न्यू ग्रेनाडा पहुँचा। वहाँ उसने अपने आपको एक नए गृह युद्ध के बीच पाया।

इस दौरान नेपोलियन पराजित हो चुका था और स्पेनिश साम्राज्य की पुनर्बहाली हो चुकी थी। फर्डीनांड ने विद्रोहियों को कुचलने के लिए विशाल सेना को दक्षिण अमेरिका भेज दिया था।

एक बार फिर बोलीवर को निर्वासित होना पड़ा। इस बार वह जमैका चला गया। उसे जमैका में किसी तरह का समर्थन नहीं मिला। फिर वह हैती चला गया। वहाँ उसे हैती के राष्ट्रपति और एक ब्रिटिश व्यापारी ने धन व जहाज मुहैया करवाए।

वेनेजुएला को स्वतंत्र कराने की उसकी कोशिशों को कोई खास सफलता नहीं मिली; मगर सन् 1817 में अमेरिका ने वेनेजुएला के क्रांतिकारियों की स्वतंत्रता की माँग को मान्यता दे दी।

इसके साथ ही कई अमेरिकी क्रांतिकारी बोलीवर की मदद करने के लिए आ गए और स्पेनिश पोतों पर हमले करने लगे। नेपोलियन युद्ध में शामिल हो चुके 5,000 अंग्रेज और आयरिश सैनिक भी उसकी मदद करने लगे।

बोलीवर ने वेनेजुएला में स्पेनिश सेना को पराजित कर दिया और उन्हें कोलंबिया की सीमा से बाहर खदेड़ दिया। उसे कोलंबिया (आधुनिक कोलंबिया और वेनेजुएला) का राष्ट्रपति चुना गया।

सन् 1830 में उसने राष्ट्रपति का पद छोड़ दिया। वह यूरोप में जाकर सेवानिवृत्त जीवन गुजारना चाहता था; मगर इससे पहले कि उसका जहाज रवाना हो पाता, यक्ष्मा रोग के चलते 17 दिसंबर, 1830 को उसका देहांत हो गया।

□

सून जू
(Sun Tzu)
(ई.पू. 544–ई.पू. 496)

सून जू का जन्म जिस समय में हुआ, उसे चीन के लोग 'संघर्षरत राज्यों का युग' कहकर पुकारते हैं।

किंवदंती के अनुसार, सून वू (मृत्यु के बाद उसे आदरसूचक 'जू' पदवी प्रदान की गई) एक भूमिहीन कुलीन परिवार का सदस्य था और किराए के सैनिक के रूप में काम करता था। उसने युद्ध विद्या पर 'बिंग–फा' (युद्ध की कला) नामक एक पुस्तक की रचना भी की थी।

सून जू की पुस्तक की तरफ वू के शासक हेलू का ध्यान आकर्षित हुआ। हेलू ने सून को बुलाकर पूछा कि जिस तरह वह युद्ध विद्या के बारे में लिख सकता है, क्या उसी तरह युद्ध के मैदान में युद्ध का संचालन भी कर सकता है?

सून ने कहा कि वह वैसा कर सकता है।

हेलू ने उसके पास अपनी 180 रखैलों को भेज दिया और उन्हें युद्ध के लिए प्रशिक्षित करने का आदेश दिया।

सून ने उन महिलाओं को कतार में खड़ा कर दिया और राजा की दो प्रिय रखैलों को दो समूहों का प्रभार सौंप दिया। फिर उसने उनको समझाया कि किस तरह उसके आदेश पर उन्हें दाएँ, बाएँ और पीछे की तरफ कदमताल करना था।

जब उसने ड्रम बजाया तो महिलाएँ हँसने लगीं।

''अगर शब्द स्पष्ट नहीं हैं और निर्देश भी स्पष्ट नहीं है तो यह सेनापति

की गलती कहलाएगी।'' सून ने कहा। उसने एक बार फिर महिलाओं को सबकुछ समझा दिया। फिर उसने ड्रम बजाया। एक बार फिर महिलाएँ हँसने लगीं।

''अगर दिशा-निर्देश व आदेश स्पष्ट रूप से दिया जा चुका है और उनका पालन नहीं किया जाता है तो सैनिक कानून के तहत यह अधिकारियों की गलती कहलाएगी।'' उसने कहा। उसने राजा की दो प्रिय रखैलों के सिर कलम करने का आदेश दिया।

राजा ने हस्तक्षेप करने की कोशिश की।

''जब सेनापति सेना का नेतृत्व कर रहा हो तो उसे राजा के सारे आदेशों को मानने की जरूरत नहीं होती।'' सून ने कहा।

दोनों रखैलों को मृत्युदंड दिया गया।

इसके बाद सून ने जब महिलाओं से कदमताल करने के लिए कहा तो सभी ने उसके आदेश का अक्षरशः पालन किया।

''राजा सिर्फ नसीहत दे सकता है।'' सून जू ने बाद में कहा, ''वह उन नसीहतों पर खुद अमल करने की स्थिति में नहीं होता।''

राजा हेलू ने सून जू को अपनी सेना का सेनाध्यक्ष बना दिया। सेनाध्यक्ष के रूप में उसने चू कीन तथा और भी राज्यों की सेनाओं को पराजित किया।

रखैलों के साथ सून जू भले ही बेरहमी के साथ पेश आया था, मगर युद्ध के मैदान में उसकी कोशिश यही रहती थी कि कम-से-कम खून-खराबे के जरिए जीत हासिल की जाए।

वह छोटी-छोटी टुकड़ियों के जरिए सघन आक्रमण पर जोर देता था। वह भारी-भरकम बर्बर सेना बनाने के पक्ष में नहीं था।

ब्रिटिश सैन्य विशेषज्ञ बेसिल एच. लिडेल का कहना है कि युद्ध कला के बारे में सून जू के लेखन में जो गहराई है, वह समय गुजरने के बाद भी प्रासंगिक बनी हुई है।

'युद्ध की कला' के 13 अध्याय पद्य में लिखे गए हैं। अध्यायों के शीर्षक इस प्रकार हैं—

1. अनुमान।
2. युद्ध छेड़ना।

3. आक्रामक रणनीति।
4. आगे बढ़ना।
5. उत्साह।
6. दुर्बलता और शक्ति।
7. समीक्षा।
8. नौ सूत्र।
9. धावा।
10. द्वंद्व।
11. स्थल युद्ध के नौ कौशल।
12. आग का हमले के लिए इस्तेमाल।
13. गुप्तचरों की नियुक्ति।

सदियों तक युद्ध की इन तरकीबों पर चीन और जापान के सेनापतियों ने अमल किया। ये सिद्धांत शेष दुनिया की नजरों से ओझल बने हुए थे। बीसवीं सदी में इस पुस्तक का अनुवाद विभिन्न भाषाओं में संभव हो पाया।

सून जू ने युद्ध में भले ही रथों और तीरों के इस्तेमाल की बात कही है, मगर उसकी पुस्तक में अधिक जोर रणनीति, गुप्तचरी, चरित्र और नेतृत्व जैसे पहलुओं पर दिया गया है। ये ऐसे पहलू हैं, जो हर युग में महत्त्वपूर्ण माने जाते रहे हैं। सून जू ने सेनाध्यक्ष के लिए दुश्मन की जानकारियाँ जुटाना और रचनात्मक रूप से रणनीति तैयार करना जरूरी बताया है।

पश्चिमी दुनिया का रण–कौशल गुप्तचरी और रणनीति से ज्यादा प्रत्यक्ष आक्रमण पर जोर देता रहा है। वहीं गुरिल्ला युद्ध के लिए सून जू के बताए गए सूत्र 'आदर्श सूत्र' माने जाते रहे हैं। गुरिल्ला योद्धाओं की संख्या सीमित होती है और उनके पास हथियार भी कम होते हैं। उन्हें सून जू के बताए रास्ते पर चलकर ही जीत हासिल हो सकती है।

जिस तरह चीन में युद्धरत राज्यों के युग में सून जू के बताए गए रणकौशल की अहमियत थी, उसी तरह आज के युग में भी उनकी अहमियत वैसी ही बनी हुई है।

□

सैम हॉस्टॉन

(Sam Houston)

(सन् 1793-1863)

सैम हॉस्टॉन एक अमेरिकी राष्ट्र-निर्माता, योद्धा और राजनेता था। टेक्सास की स्वतंत्रता की जंग का संचालन करते हुए उसने सैन जेसिंटो में मेक्सिकन सेना को खदेड़ दिया था, जिसके साथ ही संघर्ष समाप्त हो गया था। बाद में टेक्सास से सांसद और टेक्सास का गवर्नर बनने से पहले वह टेक्सास का राष्ट्रपति चुना गया था।

सैम का जन्म सन् 1793 में वर्जीनिया में एक मध्य वर्गीय किसान परिवार में हुआ था। यह परिवार पश्चिम में जाकर टेनिसी में बस गया था, जो उस समय पश्चिमी सरहद का हिस्सा था। किशोरावस्था में ही सैम घर से भाग गया था और कुछ सालों तक चेरोकी समुदाय के बीच जाकर रहा था। इस तरह उसने उन लोगों की भाषा और संस्कृति सीख ली थी।

सैम ने चेरोकी समुदाय के रंग में रँगते हुए अपना नाम भी 'कोलोनेह' रख दिया था। सन् 1812 के युद्ध के दौरान वह अमेरिकी सेना में शामिल हुआ था। पश्चिम के मोरचे पर वह एंड्रयू जैकसन के अधीन रहकर लड़ा था। हार्सशू बैंड की लड़ाई में रेड स्टिक्स के विरुद्ध उसने वीरता का परिचय दिया था।

कम समय के भीतर ही सैम ने स्वयं को एक उगता हुआ राजनीतिक सितारा सिद्ध कर दिया था। उसने एंड्रयू जैकसन का विश्वास जीत लिया था। जैकसन उससे पुत्रवत् स्नेह करने लगा था। सैम ने पहले कांग्रेस का

चुनाव लड़ा और फिर टेनिसी के गवर्नर पद का चुनाव लड़ा। जैकसन का करीबी होने के कारण वह आसानी से चुनाव जीत भी गया।

सन् 1829 में जब सैम की शादी टूट गई तो उसने हताश होकर गवर्नर के पद से इस्तीफा दे दिया और पश्चिम की तरफ रवाना हो गया।

सैम अरकानसास पहुँचा, जहाँ वह मदिरापान करते हुए गम भुलाने की कोशिश करता रहा। वह चेरोकी लोगों के साथ रहने लगा। वह चेरोकी लोगों का प्रतिनिधि बनकर पहले सन् 1830 में और फिर 1832 में वाशिंगटन पहुँचा।

सन् 1832 की यात्रा के दौरान उसने जैकसन-विरोधी सांसद विलियम स्टेनबेरी को द्वंद्व-युद्ध के लिए ललकारा। जब स्टेनबेरी ने चुनौती स्वीकार नहीं की, तब सैम ने उसके ऊपर छड़ी लेकर हमला कर दिया। कांग्रेस ने उसकी इस हरकत की निंदा की।

वाशिंगटन से टेक्सास लौटकर उसने कुछ जमीन खरीद ली। वह वहाँ की गतिविधियों का ब्योरा जैकसन को देता रहता था।

2 अक्तूबर, 1835 को टेक्सास के विद्रोहियों ने गोनजेल्स शहर में मेक्सिकन सैनिकों पर हमला किया। टेक्सास क्रांति की इसी तरह शुरुआत हुई। सैम उत्साहित हो उठा। उस समय तक उसे यकीन हो चुका था कि टेक्सास का मेक्सिको से पृथक् होना निश्चित था और टेक्सास को आनेवाले समय में स्वतंत्र होना था या अमेरिका का राज्य बनना था।

सैम को नेकोगडोचेज मिलिशिया का प्रमुख चुना गया और फिर सभी टेक्सन सेनाओं का जनरल भी उसे बनाया गया। यह चुनौतीपूर्ण पद था, क्योंकि सैनिकों को देने के लिए पर्याप्त पैसे उपलब्ध नहीं थे और स्वयंसेवकों को जुटाना कठिन होता था।

सैम ने महसूस किया कि सेना एंटोनियो नगर और अलामो के बचाव के लिए सैनिकों को तैनात करने की जरूरत नहीं थी। वैसे भी सैनिकों की संख्या कम थी और वह नगर विद्रोहियों के पूर्वी टेक्सास के मुख्यालय से काफी दूर था।

सैम ने जिम बोई को अलामो को नष्ट करने और नगर को खाली करने का निर्देश दिया, मगर बोई ने दुर्ग पर मोरचाबंदी कर सैम के आदेश को

अनसुना कर दिया। 6 मार्च, 1835 को अलामो का पतन हो गया और 200 से अधिक विद्रोही सैनिक पकड़े गए। 27 मार्च को 350 विद्रोही बंदियों की गोलियाड में हत्या कर दी गई।

अलामो और गोलियाड की घटना ने विद्रोहियों को हिलाकर रख दिया। जहाँ सैकड़ों विद्रोही मारे गए, वहीं सबके मनोबल को भी आघात पहुँचा। सैम की सेना रणक्षेत्र में उतरने के लिए तैयार थी, मगर उसके पास लगभग 900 सैनिक ही थे। जनरल सांटा अन्ना की मेक्सिकन सेना से टकराना आसान नहीं था।

सैम कई सप्ताह तक सांटा अन्ना की आँखों में धूल झोंकता रहा और उसको शांत देखकर विद्रोही नेताओं ने कायर कहकर उसकी आलोचना भी की। अप्रैल 1836 में सांटा अन्ना ने अपनी सेना को विभाजित करने की गलती की।

इसी मौके की प्रतीक्षा कर रहे सैम ने 21 अप्रैल को हमला करने का आदेश दिया। 700 मेक्सिकन सैनिक मारे गए। जनरल सांटा अन्ना समेत तमाम सैनिकों को बंदी बना लिया गया। टेक्सास के लोग सांटा अन्ना को प्राणदंड दिए जाने के पक्ष में थे, मगर सैम ने उसे प्राणदंड नहीं दिया। सांटा अन्ना ने तुरंत एक संधि पर दस्तखत किए और टेक्सास को स्वतंत्र घोषित कर दिया गया। इसके साथ ही युद्ध समाप्त हो गया।

हालाँकि मेक्सिको ने फिर टेक्सास पर कब्जा करने की कई कोशिशें कीं, मगर टेक्सास पूरी तरह स्वतंत्र हो गया। सन् 1836 में सैम को टेक्सास का पहला राष्ट्रपति चुना गया। सन् 1841 में उसे दोबारा इस पद के लिए चुना गया। वह एक आदर्श राष्ट्रपति साबित हुआ। उसने मेक्सिको और टेक्सास में रहनेवाले नेटिव अमेरिकियों के साथ संबंध सुधारने का प्रयास किया।

सन् 1842 में मेक्सिको ने दो बार टेक्सास पर हमला किया, मगर हर बार सैम ने शांतिपूर्ण समाधान पर बल दिया।

सन् 1845 में टेक्सास का अमेरिका में विलय हो गया। सैम टेक्सास का सांसद बना और सन् 1859 तक इस पद पर रहा। फिर उसे टेक्सास का गवर्नर चुना गया।

उस समय देश में दासता के मसले पर बवाल मचा हुआ था और सैम खुद को दुविधा की स्थिति में पा रहा था। वह एक राष्ट्र-निर्माता था, जो हमेशा शांति व सद्भाव के लिए काम करता रहा था।

जब टेक्सास के विधायकों ने संघ से अलग होकर परिसंघ का साथ देने का निश्चय किया, तब सैम ने गवर्नर के पद से इस्तीफा दे दिया। यह एक कठिन निर्णय था, मगर सैम जानता था कि दक्षिण को युद्ध में पराजय मिलने वाली थी और हिंसा का कोई परिणाम नहीं निकलने वाला था।

सैम का देहांत 26 जुलाई, 1863 को हुआ था।

□

हर्नन कोर्टेस

(Hernan Cortes)

(सन् 1485–1547)

हर्नन कोर्टेस एक स्पेनिश विजेता था, जो सन् 1519 में मध्य मेक्सिको के अजटेक साम्राज्य पर अपनी विजय के लिए जाना जाता है।

उसने केवल 600 स्पेनिश सैनिकों की सहायता से एक ऐसे विशाल साम्राज्य को धूल में मिला दिया था, जिसके पास हजारों सैनिक थे। ऐसा वह निर्दयता, दृढ़ता, हिंसा और भाग्य के चलते कर पाया था।

कोर्टेस का जन्म एक्सट्रेमेडुरा के मेडेलिन नामक नगर में हुआ था। सैन्य पृष्ठभूमि वाले एक प्रतिष्ठित परिवार में पैदा होकर भी कोर्टेस बचपन से बीमार रहता था। उसे सालमांका का विश्वविद्यालय में कानून की पढ़ाई करने के लिए भेजा गया, मगर वह पढ़ाई पूरी नहीं कर पाया।

कोर्टेस सन् 1503 में हिस्पानियोला पहुँचा, जहाँ उसे नोटरी की नौकरी मिली। इस दौरान उसकी सेहत सुधर चुकी थी। वह सेना में शामिल हो गया और छिटपुट लड़ाइयों में भाग लेने लगा।

कम समय के भीतर ही उसने एक कुशल नेता, बुद्धिमान प्रशासक और निर्मम योद्धा की पहचान बना ली। यही वजह थी कि डिएगो वेलेजक्वेग ने उसे क्यूबा के अभियान पर भेजने का फैसला किया।

क्यूबा पर विजय पाने के बाद कोर्टेस को नए शहर सांतिएगो का मेयर बना दिया गया। कोर्टेस का प्रभाव बढ़ता चला गया।

सन् 1518 में कोर्टेस ने इतिहास का अविस्मरणीय अध्याय लिख दिया,

जब उसने केवल 600 सैनिकों के साथ अजटेक साम्राज्य पर कब्जा किया। अभियान की शुरुआत करते हुए उसने अजटेक साम्राज्य के अधीन राज्यों पर सबसे पहले कब्जा किया और फिर साम्राज्य की राजधानी टेनोचिटिटलान की तरफ कूच किया, जहाँ बिना लड़े ही जीत हासिल करने में उसे सफलता मिल गई।

दूसरी तरफ, क्यूबा के गवर्नर वेलेजक्वेग ने उसे शिकस्त देने के लिए पीछे से सेनापति नरवेज की अगुवाई में फौज को रवाना कर दिया। कोर्टेस को उससे लड़ने के लिए राजधानी से बाहर निकलना पड़ा। उसने नरवेज को पराजित कर दिया और उसकी सेना को अपने अधीन कर लिया।

कोर्टेस राजधानी टेनोचिटिटलान पर दोबारा कब्जा करने लिए लौटा, मगर इस बीच वहाँ कोहराम मचा हुआ था। उसके ही एक सैन्य अधिकारी अलवटेडो ने अजटेक साम्राज्य के वरिष्ठ लोगों की हत्या का फरमान जारी कर दिया था। अजटेक सम्राट् मोक्टेजुमा की हत्या भागते समय क्रुद्ध भीड़ ने कर दी थी। भीड़ ने स्पेनिश सैनिकों पर हमला करना शुरू कर दिया।

कोर्टेस ने नगर के हालात को नियंत्रित किया और सन् 1521 में वह टेनोचिटिटलान का प्रशासक बन चुका था।

अगर किस्मत ने साथ नहीं दिया होता तो कोर्टेस कभी भी विशाल अजटेक साम्राज्य को पराजित नहीं कर सकता था। उसे एक स्पेनिश पुरोहित गेरोनिमो की मदद मिल गई थी, जो माया भाषा बोलना जानता था। गेरोनिमो और मालिंचे नामक दासी ने माया भाषा का प्रयोग करते हुए कोर्टेस के लिए दुभाषिए का काम किया था।

अजटेक के अधीन प्रांतों पर अधिकार करते समय भी भाग्य ने कोर्टेस की सहायता की थी। वे सहयोगी राज्य भले ही साम्राज्य के अधीन थे, मगर वे सम्राट् से नफरत करते थे। कोर्टेस उनकी नफरत को भुनाने में सफल हुआ। इस तरह उसे हजारों स्थानीय सैनिकों की मदद मिल गई और वह अजटेक साम्राज्य पर धावा बोलने में सफल हुआ।

मोक्टेजुमा एक कमजोर सम्राट् था, जो किसी भी तरह का फैसला लेने से पहले ईश्वरीय संकेत की राह देखता था। मोक्टेजुमा की धारणा थी कि

स्पेनिश ईश्वर के दूत थे, इसलिए उसने स्पेनिश सेना को आरंभ में ही कुचलने का आदेश नहीं दिया था। इस तरह सम्राट् के धर्मभीरु होने का कोर्टेस को फायदा हुआ था।

कोर्टेस की किस्मत ने उस समय भी साथ दिया, जब क्यूबा के गवर्नर वलेजक्वेज ने उसे कमजोर करने के लिए नरवेज के नेतृत्व में विशाल सेना को भेजा। कोर्टेस ने नरवेज को हराकर सेना को अपने अधीन कर लिया।

सन् 1521 से 1528 तक कोर्टेस न्यू स्पेन का गवर्नर रहा। तब मेक्सिको 'न्यू स्पेन' के नाम से ही जाना गया।

इस दौरान स्पेन के सम्राट् ने प्रशासनिक कार्य चलाने के लिए अधिकारियों को भेजा था। वहीं कोर्टेस की देख-रेख में नगर का नए सिरे से निर्माण किया गया और मेक्सिको के दूसरे हिस्सों में अभियान चलाए गए।

कोर्टेस के कई दुश्मन थे, जो राजा से उसकी चुगली करते रहते थे और उसके विरुद्ध साजिश रचते रहते थे।

सन् 1528 में वह अपना पक्ष राजा के सामने रखने के लिए लौटा। राजा ने जहाँ उसे दरबार में उच्च स्थान प्रदान किया और रियासत का स्वामी बनाया, वहीं गवर्नर के पद से उसे हटा दिया।

कोर्टेस ने जीवन भर साहसिक अभियानों में दिलचस्पी दिखलाई। सन् 1530 में उसने अपने खर्च से बाजा कैलिफोर्निया में अभियान चलाया और 1541 में अल्जीयर्स की सेना से लड़ा।

सन् 1547 में 62 साल की उम्र में उसका निधन हो गया।

□

हान्निबल
(Hannibal)
(ई.पू. 247–ई.पू. 183)

द्वितीय प्यूनिक युद्ध के दौरान हान्निबल को कार्थाजिनियन सेना और हाथियों के एक समूह को दक्षिणी यूरोप एवं आल्प्स पर्वत के पार ले जाकर रोम से लड़ने के लिए जाना जाता है।

कार्थाजिनियन सेना के जनरल हान्निबल का जीवनकाल ई.पू. दूसरी और तीसरी शताब्दी था। उसका जन्म एक कार्थाजिनियन सैनिक परिवार में हुआ था और उसे रोम के विरुद्ध शत्रुता निभाने की सौगंध खिलाई गई थी।

द्वितीय प्यूनिक युद्ध के दौरान अपनी सेना को लेकर वह दक्षिणी यूरोप में घुसता चला गया था और उसने साहसपूर्वक आल्प्स पर्वतों को पार कर रोमन सेना को लगातार पराजित किया था। मगर उसने कभी नगर पर कब्जा नहीं किया था।

रोम ने जब जवाबी हमला किया तो वह कार्थेज लौटने के लिए मजबूर हुआ, जहाँ उसे पराजित होना पड़ा। उसने एक निश्चित अवधि तक राष्ट्र-निर्माता की भूमिका निभाई और फिर रोम ने उसे निर्वासित जीवन जीने के लिए मजबूर कर दिया। रोमन के हाथों बंदी होने से बचने के लिए अंततः उसने आत्महत्या कर ली।

हान्निबल बार्का का जन्म कार्थेज (आधुनिक ट्यूनीशिया) में ई.पू. 247 में हुआ था। उसका पिता कार्थाजिनियन जनरल हमिलकर बार्का ('बार्का' का अर्थ है—'तूफान') था।

ई.पू. 241 में हुए प्रथम प्यूनिक युद्ध में जब रोमन सेना ने कार्थेज को पराजित कर दिया, तब हमिलकर ने नए सिरे से कार्थेज की सेना को संगठित करना शुरू कर दिया। जब हान्निबल छोटा था, तभी हमिलकर उसे स्पेन लेकर गया और उसे रोमन साम्राज्य के खिलाफ शत्रुता की सौगंध खिलाई।

26 वर्ष की उम्र में हान्निबल को सेना की एक टुकड़ी की कमान सौंपी गई और आबेरिया पर कार्थेज का नियंत्रण स्थापित करने का निर्देश दिया गया।

हान्निबल ने आइबेरियन राजकुमारी इमील्स से विवाह कर लिया। उसने कई आइबेरियन जनजातियों को अधीन बना लिया था या मैत्री कर ली। उसने कर्त हदश्त बंदरगाह को अपना ठिकाना बना लिया।

ई.पू. 219 में हान्निबल ने सगुंटुम नगर (आधुनिक सगुंटो, स्पेन) पर हमला कर दिया, जिससे रोम की सेना भड़क उठी और दूसरा प्यूनिक युद्ध शुरू हो गया।

ई.पू. 218 के उत्तरार्ध में हान्निबल ने 1 लाख से अधिक सैनिकों और 40 लड़ाकू हाथियों को लेकर पाइरेनीस से गाउल (दक्षिणी फ्रांस) की तरफ बढ़ना शुरू किया। रास्ते में रोम साम्राज्य के सहयोगी देशों की सेनाओं ने उसका कोई खास प्रतिरोध नहीं किया।

रोने नदी के तट पर रोमन सेना के जनरल कोर्नेलियस स्किपियो ने उसे रोकने की कोशिश की। मगर तब तक हान्निबल आगे निकल चुका था और आल्प्स की पहाड़ियों की तरफ उसका काफिला बढ़ता चला जा रहा था।

हान्निबल ने जिस तरह आल्प्स की पहाड़ियों को पार किया, उसे महान् सैन्य उपलब्धि के तौर पर याद किया जाता है। प्रतिकूल मौसम होने के साथ ही हान्निबल की सेना को रास्ते में स्थानीय आदिवासियों के छोटे-छोटे स्तर के हमलों का भी सामना करना पड़ा। ये आदिवासी रास्ता रोकने के लिए बड़ी-बड़ी चट्टानों को लुढ़का देते थे।

15 दिनों तक अभियान को जारी रखने के बाद और पाँच महीने से अधिक समय तक कार्टागेना से दूर रहने के बाद जब हान्निबल ने आल्प्स को पार कर लिया, तब उसके साथ महज 20 हजार पैदल सैनिक, 6 हजार घुड़सवार और 1 हाथी बचे रह गए थे।

अगले तीन वर्षों तक हान्निबल की सेना इतालवी क्षेत्र में वर्चस्व को लेकर स्किपियो की सेना के साथ लड़ती रही। इस अवधि में युद्ध को जारी रखने के लिए हान्निबल को कार्थेज से कोई विशेष सहायता नहीं मिल पाई।

उसने ट्रेबिया, ट्रासीमेन और कात्री के युद्ध में रोमन सेना को काफी नुकसान पहुँचाया और राजधानी में 3 मील अंदर तक अपनी सेना लेकर घुस गया। मगर उसके बाद गतिरोध की नौबत आ गई, क्योंकि हान्निबल के पास रोम पर कब्जा करने के लिए पर्याप्त सैनिक मौजूद नहीं थे। वहीं स्किपियो के पास भी ऐसी ताकतवर सेना नहीं थी, जिससे वह हान्निबल को पराजित कर सकता था।

इसी दौरान रोम साम्राज्य ने अपने सैनिकों को आइबेरिया और उत्तरी अफ्रीका भेज दिया। उन सैनिकों ने कार्थाजिनियन नगरों और गाँवों पर हमले किए। ई.पू. 203 में हान्निबल ने अपने रोम अभियान को रोक दिया और अपने देश की रक्षा करने के लिए लौट आया।

ई.पू. 202 में जामा के युद्ध में हान्निबल की सेना का स्किपियो की सेना के साथ संघर्ष हुआ। इस बार स्किपियो की सेना अधिक ताकतवर थी। रोम की सेना ने वाद्य यंत्रों का प्रयोग कर हाथियों को उन्मादित कर दिया था। इस युद्ध में हान्निबल को पराजय का सामना करना पड़ा।

रोम साम्राज्य ने जो शांति समझौता किया, उसकी शर्तें काफी सख्त थीं। इस तरह कार्थेज की सैन्य क्षमता को कुचल दिया गया था और उसे अधिक लगान देने के लिए मजबूर कर दिया गया था।

हान्निबल को मुख्य न्यायाधीश चुना गया। उसने कुछ साल राजनीति में बिताए। ई.पू. 195 में रोमन साम्राज्य ने उसे अपना पद छोड़ने के लिए मजबूर किया। हान्निबल तुर्की चला गया और सैन्य सलाहकार बन गया।

ई.पू. 190 में उसे एक ग्रीक बेड़े की कमान सौंपी गई और उसने रोम के मित्र पर्गामोन से युद्ध किया, जिसमें उसकी सेना हार गई। वह बिथिनिया भाग गया। रोमन सेना उसे बंदी बनाना चाहती थी, मगर वह जीते-जी बंदी बनने के लिए तैयार नहीं था। ई.पू. 183 में विषपान कर उसने आत्महत्या कर ली।

□

हिंज गुडेरियन

(Heinz Wilhelm Guderian)

(सन् 1888–1954)

एक जर्मन सिपाही के पुत्र के रूप में हिंज गुडेरियन का जन्म 17 जून, 1888 को कुल्म, जर्मनी (अब चेल्मनो, पोलैंड) में हुआ। सन् 1901 में उसका सैनिक स्कूल में दाखिला हुआ और छह साल की पढ़ाई के बाद वह अपने पिता की बटालियन में एक कैडेट के रूप में शामिल हो गया। कुछ दिनों के बाद उसे मेत्ज की सैनिक अकादमी में भेज दिया गया। सन् 1908 में स्नातक की पढ़ाई पूरी कर वह लेफ्टिनेंट बन गया।

सन् 1911 में हिंज जब लौटा तो उसे मार्गरेट से शादी करने की इजाजत मिल गई। प्रथम विश्व युद्ध छिड़ने से एक साल पहले हिंज ने बर्लिन में सैन्य प्रशिक्षण प्राप्त किया। अगस्त 1904 में युद्ध छिड़ने पर हिंज को कार्यालय संबंधी दायित्वों से जोड़ा गया। मोरचे पर नहीं लड़ने के बावजूद हिंज ने इस दौरान बड़े पैमाने पर युद्ध की रणनीतिक योजना बनाने में दक्षता हासिल की। युद्ध के दौरान बीच-बीच में हिंज को लड़ने का मौका भी मिला और उसे प्रथम एवं द्वितीय श्रेणी के 'आयरन क्रॉस' से सम्मानित किया गया।

हालाँकि वह अकसर अपने वरिष्ठ अधिकारियों से बहस करता था, मगर हिंज को एक संभावनापूर्ण सैन्य अधिकारी माना जाता था। सन् 1918 में युद्ध की समाप्ति के समय जर्मनी ने जब हथियार डालने का निर्णय लिया तो हिंज क्षुब्ध हो उठा। उसका मानना था कि देश को अंतिम क्षण तक लड़ते रहना चाहिए था।

सन् 1927 में हिंज को मेजर बना दिया गया और उसे टूएनेट की परिवहन शाखा की जिम्मेदारी सौंपी गई।

मोटरचालित और बख्तरबंद युद्ध-कौशल के विकास व प्रशिक्षण के क्षेत्र में हिंज ने महत्त्वपूर्ण भूमिका का निर्वाह किया। उसने जे.एफ.सी. फुलर जैसे मोबाइल युद्ध विद्या के विशेषज्ञों की पुस्तकों का अध्ययन करते हुए ऐसे युद्ध-कौशल की अवधारणा तैयार की, जो आनेवाले समय में तूफानी हमले का प्रतीक बन गया।

सन् 1931 में हिंज को लेफ्टिनेंट बना दिया गया और मोटराइज्ड सेना के संचालन की जिम्मेदारी उसे सौंपी गई। दो साल बाद कर्नल के पद पर उसे प्रोन्नत किया गया। सन् 1935 में जर्मन शस्त्रीकरण के दौरान हिंज को दूसरे पनजेर डिवीजन की कमान सौंपी गई और सन् 1936 में उसे मेजर जनरल बना दिया गया। अगले साल तक मोबाइल युद्ध कौशल संबंधी विचारों को लेकर उसने 'अचतुंग पनजेर' नामक पुस्तक की रचना की।

1 सितंबर, 1939 को जर्मन सेना ने पोलैंड पर हमला करते हुए द्वितीय विश्व युद्ध की शुरुआत कर दी। युद्ध के दौरान हिंज ने अपने विशिष्ट युद्ध कौशल का प्रयोग करते हुए तीव्रता के साथ जीत हासिल की।

हिंज की अगुवाई में जर्मन सेना की 19वीं बटालियन ने मई और जून 1940 में फ्रांस के साथ युद्ध में निर्णायक भूमिका निभाई। हिंज के आक्रमण के सामने मित्र देशों की सेनाएँ टिक नहीं पा रही थीं।

जिस तीव्रता के साथ हिंज शत्रुओं की पंक्ति को तोड़कर आगे बढ़ता था, उसे देखते हुए शत्रुओं का संतुलन बिगड़कर रह जाता था। हिंज के वरिष्ठ अधिकारी जब उससे अपनी रफ्तार घटाने के लिए कहते थे तो वह त्यागपत्र देने की धमकी देता था।

हिंज के प्रयत्नों से जर्मन सेना ने फ्रांस की सेना को पराजित कर दिया था। सन् 1941 में हिंज को कर्नल जनरल बना दिया गया था।

22 जून, 1941 को जर्मन सेना ने सोवियत संघ पर हमला कर दिया और उसके कई क्षेत्रों पर कब्जा कर लिया। पूरब की तरफ बढ़ती हुई हिंज की सेना ने 'रेड आर्मी' को परास्त करते हुए अगस्त की शुरुआत में स्मोलेंस्क

पर कब्जा कर लिया।

हिंज की सेना अब मॉस्को पर आक्रमण करने के लिए आगे बढ़ना चाहती थी; लेकिन उसी समय एडोल्फ हिटलर ने हिंज को दक्षिण की तरफ कीव की दिशा में बढ़ने का आदेश दिया। इस आदेश की वजह से हिंज झुँझला उठा। इस आदेश का विरोध करने पर वह हिटलर का विश्वासपात्र नहीं रह गया।

विवश होकर हिंज ने आदेश का पालन किया और यूक्रेन की राजधानी पर कब्जा करने में सहायता की। मॉस्को की तरफ बढ़ती हुई जर्मन सेना को रास्ते में रुकने के लिए मजबूर होना पड़ा।

हिंज के स्थान पर आर्मी ग्रुप सेंटर कमांडर फील्ड मार्शल गुंटर वोन क्लूग को नियुक्त किया गया। इससे पहले क्लूग के साथ हिंज का अकसर वैचारिक टकराव होता रहा था।

सोवियत संघ से लौटकर हिंज सेवानिवृत्त जीवन गुजारने लगा।

सितंबर 1942 में फील्ड मार्शल इर्विन रोमेल ने हिंज से अफ्रीका में आकर उसके स्थान पर कार्य करने का अनुरोध किया, क्योंकि इर्विन जर्मनी लौटकर इलाज करवाना चाहता था। मगर जर्मन सरकार ने इस अनुरोध को मंजूरी नहीं दी।

स्टालिनगार्ड के युद्ध में जर्मनी की हार के बाद हिंज को तब नया जीवन मिला, जब हिटलर ने उससे बख्तरबंद सेना का इंस्पेक्टर जनरल बनने का अनुरोध किया।

20 जुलाई, 1944 को जब हिटलर को मारने की नाकाम कोशिश की गई तो उसके अगले ही दिन हिंज को आर्मी चीफ ऑफ स्टाफ बना दिया गया। हिटलर के साथ मतभेद के चलते हिंज 28 मार्च, 1945 को सेवा-मुक्त हो गया।

14 मई, 1954 को हिंज का देहांत हो गया।

□

हेलमुथ वॉन मॉल्टके

(Helmuth Von Moltke)

(सन् 1800-1891)

सन् 1914 की गरमियों में एक सर्बियाई युवक गेब्रिलो प्रिंसिप ने ऑस्ट्रिया-हंगरी के आर्कड्यूक फ्रेंज फर्डीनेंड और उसकी पत्नी की गोली मारकर हत्या कर दी। इसके परिणामस्वरूप ऑस्ट्रिया-हंगरी ने सर्बिया के खिलाफ युद्ध की घोषणा कर दी। ऑस्ट्रिया के मित्र देश जर्मनी ने उसे सहयोग देने का वादा किया। सर्बिया के मित्र देश रूस ने अपनी सेना को ऑस्ट्रिया-हंगरी और जर्मनी की सीमा पर तैनात कर दिया। जर्मनी के कैसर विलहेल्म द्वितीय ने रूस और उसके सहयोगी फ्रांस के विरुद्ध अपनी सेना को लामबंद होने का आदेश दिया।

जर्मन लामबंदी एक ऐसी योजना के तहत हो रही थी, जिसे काफी वर्ष पहले काउंट अलफ्रेड स्लीफेन ने तैयार किया था। उस योजना में शक्तिशाली जर्मन दक्षिणी इकाई को बेल्जियम पार कर उत्तरी फ्रांस में घुसने की बात कही गई थी; वहीं कमजोर जर्मन वाम इकाई को दक्षिण में फ्रांस के संभावित हमले का मुकाबला करने के लिए कहा गया था।

एक कमजोर जर्मन सेना पूर्व में रूसियों को रोकने वाली थी। फ्रांस को पराजित करने के बाद जर्मन सेना पश्चिमी सीमा से पूर्वी सीमा तक पहुँचकर रूसियों पर हमला करने वाली थी।

लेकिन इस योजना को कार्यान्वित करने की राह में कुछ अड़चनें थीं। पश्चिम में वाम इकाई का नेतृत्व करनेवाला बावरिया का राजकुमार आगे

बढ़ने के लिए तैयार नहीं था। वहीं ब्रिटेन ने धमकी दी थी कि अगर बेल्जियम पर हमला किया गया तो वह हमला करेगा।

कैसर असमंजस में पड़ गया और उसने सेनाध्यक्ष हेलमुथ वॉन मॉल्टके जूनियर को बुलाकर पश्चिम में लामबंदी रोकने का आदेश दिया। हेलमुथ ने दृढ़ता के साथ इस आदेश का विरोध करते हुए बताया कि अगर लामबंदी की योजना बीच में रोकी गई तो सर्वनाश हो जाएगा।

हेलमुथ का जन्म जर्मनी के एक प्रांत मेकलेनबर्ग में 26 अक्तूबर, 1800 को हुआ था। उसने कोपेनहेगन के रॉयल कैडेट कोर्पस में शिक्षा पाई थी। वह प्रुशियन सेना में शामिल होने से पहले डेनिश सेना में काम कर चुका था।

प्रुशियन सेना से अवकाश लेकर वह तुर्की चला गया और तुर्की सेना में शामिल होकर सुलतान के सेनापति महमेत अली की सेना के खिलाफ युद्ध में शामिल हुआ। उसने एक उपन्यास लिखा और सन् 1830 के पोलिश घटनाक्रम पर एक पुस्तक लिखी। तुर्की के अपने अनुभव के बारे में भी उसने एक पुस्तक लिखी।

हेलमुथ रेल मार्ग की क्षमता से काफी प्रभावित था और उसने सन् 1843 में इसके बारे में एक लेख लिखा था। दो साल बाद उसे प्रुशिया के प्रिंस हेनरी का सलाहकार नियुक्त किया गया। जब बीमार हेनरी मर गया तब हेलमुथ को कर्नल का पद सौंपकर प्रुशिया के दूसरे राजकुमार फ्रेडरिक विलहेल्म का सलाहकार बनाया गया, जो बाद में किंग फ्रेडरिक तृतीय कहलाया।

हेलमुथ ने समूचे यूरोप की यात्राएँ जारी रखीं। वह इंग्लैंड, फ्रांस और रूस का भ्रमण करते हुए सारी गतिविधियों को गौर से देखता रहा। वह सन् 1857 में प्रुशियन सेना का सेनाध्यक्ष बन गया और उसके चांसलर ओटो वॉन विस्मार्क के नजदीक रहते हुए काम किया।

सेनाध्यक्ष बनने के बाद हेलमुथ को अपने विचारों को कार्यान्वित करने का मौका मिला। वह समझ गया था कि आधुनिक संचार व्यवस्था और परिवहन व्यवस्था के जरिए विस्तृत क्षेत्र में विशाल सेना को सहजतापूर्वक

नियंत्रित किया जा सकता है।

उसने प्रुशियन जनरल स्टाफ को नए सिरे से संगठित करते हुए उसके चार विभाग बनाए। तीन विभाग भौगोलिक थे—पूर्व, जर्मन और पश्चिम, जो उन क्षेत्रों में सैनिकों के लिए जरूरी सामग्रियों और रहने की व्यवस्था का इंतजाम करते थे। चौथा विभाग रेलवे था।

जब जनरल स्टाफ रेलमार्ग और टेलीग्राफ नेटवर्क को नियंत्रित करने लगा, तब सैनिकों की लामबंदी करना और दुश्मन की सीमा पर तेजी के साथ उनको तैनात कर पाना आसान हो गया।

हेलमुथ का मानना था कि युद्ध छिड़ने के साथ ही जो देश सबसे पहले लामबंदी करने में सफल होता है, उसकी जीत निश्चित होती है।

जब सन् 1864 में डेनमार्क और प्रुशिया तथा ऑस्ट्रिया की संयुक्त सेना के बीच युद्ध हुआ, तब हेलमुथ संयुक्त प्रुशियन और ऑस्ट्रियन सेना का सेनाध्यक्ष था। उसने कुछ सप्ताहों में ही जीत का मार्ग प्रशस्त कर लिया।

प्रुशिया का राजा विलहेल्म हेलमुथ से इस कदर प्रभावित हुआ कि उसने हेलमुथ को प्रुशिया की सेना का सेनाध्यक्ष बना दिया।

सन् 1866 में प्रुशिया ने ऑस्ट्रिया पर हमला किया। उस समय हेलमुथ ने जनरलों को आदेश देने के लिए टेलीग्राफ प्रणाली का सहारा लिया था। वह सात हफ्ते में ही युद्ध जीत गया था।

हेलमुथ ने आधुनिक संचार और परिवहन प्रणाली के कारगर उपाय संबंधी अपने प्रयोगों को आगे भी जारी रखा। वह भले ही सारी योजनाओं का प्रभारी होता था, मगर वह योजनाओं का आँख मूँदकर पालन करने से इनकार करता था। उसका मानना था कि दुश्मन के साथ शुरुआती पाँच मिनट की मुठभेड़ के बाद कोई योजना टिकी नहीं रह जाती।

हेलमुथ ने अपने सहयोगियों को लचीला रुख अपनाने की सलाह दी। युद्ध के प्रत्येक चरण में वह सैनिकों के साथ टेलीग्राफ के जरिए संपर्क में बना रहता था।

हेलमुथ के इन विचारों की परीक्षा तब हुई, जब प्रुशिया और फ्रांस (जो उस समय यूरोप की सबसे बड़ी सैन्य शक्ति माना जाता था) के बीच युद्ध

छिड़ गया। फ्रांसीसी सेना बिखरी हुई थी। वहीं प्रुशिया और उसके सहयोगी देशों की सेना हेलमुथ की योजना के आधार पर संगठित बनी हुई थी।

दो महीने में फ्रांस हार गया और सम्राट् नेपोलियन द्वितीय बंदी बना लिया गया। 26 जनवरी, 1871 को पेरिस पर कब्जा कर लिया गया।

जब युद्ध समाप्त हुआ तब प्रुशिया का राजा विलहेल्म जर्मनी का कैसर (सम्राट्) विलहेल्म प्रथम बन गया। फिर यूरोप के सभी देशों ने हेलमुथ की लामबंदी नीति का अनुकरण करना शुरू कर दिया।

□

होराटियो नेलसन
(Horatio Nelson)
(सन् 1758–1805)

होराटियो नेलसन का जन्म 29 सितंबर, 1758 को इंग्लैंड के बर्नहम थोर्प नामक स्थान पर हुआ था। उसके पिता का नाम एडमंड नेलसन और माता का नाम कैथरीन नेलसन था। वह अपने माता-पिता के ग्यारह बच्चों में छठी संतान था।

सन् 1805 में अपनी मृत्यु के समय तक नेलसन जहाँ नौसेना का वाइस एडमिरल था, वहीं उसे 'फर्स्ट विसकाउंट नेलसन ऑफ द नील' और 'ड्यूक ऑफ ब्रोंटे' जैसे खिताबों से भी सम्मानित किया जा चुका था।

नेलसन ने सन् 1787 में फ्रांसिस निस्बत के साथ विवाह किया। उस समय वह कैरेबियन क्षेत्र में तैनात था। जब निस्बत निस्संतान बनी रही तो पति-पत्नी के रिश्ते में दूरियाँ आती गईं।

सन् 1799 में नेलसन की मुलाकात एम्मा हैमिल्टन से हुई, जो नेपल्स में ब्रिटिश राजदूत की पत्नी थी। दोनों को प्यार हो गया और काफी बदनामी होने के बावजूद नेलसन जीवन भर उसके साथ ही रहा। एम्मा ने एक बेटी को जन्म दिया, जिसका नाम 'होराटिया' रखा गया।

सन् 1771 में नेलसन नौसेना में भरती हुआ था। वह तेजी से पदोन्नति प्राप्त करता रहा था और बीस साल की उम्र में कैप्टन बन गया था।

सन् 1797 में केप सेंट विंसेंट के युद्ध में अपने शौर्य के प्रदर्शन के कारण नेलसन की काफी सराहना हुई। उस युद्ध में नेलसन ने सूझ-बूझ का

परिचय देते हुए फ्रेंच सेना को पराजित कर दिया था।

उसी साल बाद में वह केनरी द्वीप के मांटा क्रुज द टेनराइफ पर किए गए हमले में शामिल हुआ। उस युद्ध में उसका दायाँ हाथ बुरी तरह जख्मी हो गया और बाद में उस हाथ को काटना पड़ा।

सन् 1798 में रियर एडमिरल बन चुके नेलसन को पंद्रह जहाजों के बेड़े के साथ जाकर फ्रेंच बेड़े को नष्ट करने के लिए कहा गया। फ्रेंच बेड़ा मिस्र पर नेपोलियन के हमले में सहायता कर रहा था।

कई सप्ताह तक तलाश करते रहने के बाद नेलसन ने पता लगा लिया कि फ्रेंच बेड़ा ने अलेक्जेंड्रिया के पास अबुकर वे में डेरा डाल रखा था।

रात के अँधेरे में नेलसन के नौसैनिकों ने फ्रेंच बेड़े पर हमला कर दिया और उसके जहाजों को नष्ट कर दिया।

सन् 1801 में भी नेलसन ने ऐसा ही कारनामा कर दिखाया, जब नेलसन ने कोपेनहेगन के युद्ध में डेनिश बेड़े को नष्ट कर दिया था।

इस विजय के साथ ही फ्रांस की अगुवाई में बनाया गया सैन्य गठबंधन टूट गया था, जिसमें डेनमार्क, रूस, प्रुशिया और स्वीडन शामिल थे। इस तरह नेलसन ने ब्रिटेन तक नौसैनिक सामग्रियों की आपूर्ति की रुकावटों को खत्म कर दिया।

इस विजय के बाद नेलसन मध्य प्रायद्वीप चला गया, जहाँ उसकी देख-रेख में फ्रेंच समुद्र-तट की घेराबंदी की गई।

सन् 1805 में कुछ दिनों तक विश्राम करने के बाद नेलसन उस समय फिर मैदान में उतर गया, जब उसे पता चला कि फ्रेंच और स्पेनिश जहाजों के बेड़े काडिज इलाके में एकत्र हो रहे थे।

21 अक्तूबर को फ्रेंच और स्पेनिश बेड़े को केप ट्रफलगर के पास देखा गया।

नेलसन के पास 27 युद्धपोत थे, जबकि फ्रेंच बेड़े में 18 युद्धपोत और स्पेनिश बेड़े में 15 युद्धपोत थे।

नेलसन ने जल-युद्ध की नई विधियों की खोज की थी। उसने दुश्मन के बेड़े पर कतार बनाकर हमले करने की जगह अपने युद्धपोतों को दो टुकड़ियों

में विभाजित कर दुश्मन के बेड़े को दो तरफ से घेरने का फैसला किया था।

दुश्मन के नौसैनिक युद्धपोतों पर सवार होकर राइफल से गोलियाँ बरसा रहे थे। इस तरह की राइफल से दूर तक निशाना लगाया जा सकता था।

नेलसन की रणनीति कारगर साबित हो रही थी। युद्ध खत्म होने तक ब्रिटिश नौसेना ने दुश्मन के एक युद्धपोत को डुबो दिया था और 17 युद्धपोतों को अपने कब्जे में कर लिया था।

10 फ्रेंच और स्पेनिश युद्धपोत युद्ध छोड़कर भाग गए। उस युद्ध में ब्रिटिश नौसेना के किसी युद्धपोत को नुकसान नहीं पहुँचा; मगर उसने अपने एक एडमिरल को गँवा दिया।

नेलसन दुश्मन की एक गोली से जख्मी हो गया था और चार घंटे बाद उसकी मौत हो गई थी। वह अपने बेड़े की महानतम विजय को देखने के लिए जीवित नहीं बचा रह पाया था।

नेलसन की जीतों की वजह से समुद्र पर ब्रिटेन का नियंत्रण उस समय सुनिश्चित हो गया, जिस समय नेपोलियन अपने अभियानों को चला रहा था। नेलसन की वीरता की वजह से फ्रेंच नौसेना ने ब्रिटेन पर फिर आक्रमण करने की हिम्मत नहीं की।

नेलसन को उसकी सूझ-बूझ और युद्ध कौशल के लिए सैन्य इतिहास में विशेष रूप से याद किया जाता है।